CLEMENS AUGUST GRAF VON GALEN

IN GOTTESFURCHT WANDELN

Texte des Kardinals von Münster

SCHWABENVERLAG OSTFILDERN 1

Textauswahl: Paul Löcher

Umschlagbild: Der Dom zu Münster
(Archiv Werbe- und Verkehrsamt Münster. Foto Chr. Bathe)

Einbandgestaltung: Hans-Ulrich Feucht

ISBN 3 7966 0538 9

© 1978 Schwabenverlag, 7302 Ostfildern 1
Gesamtherstellung SV-Druck, Ostfildern 1

ZUM GELEIT

Von Bischof Heinrich Tenhumberg

Clemens August Kardinal von Galen steht im Bewußtsein unserer Zeitgenossen als der große Verteidiger von Menschenrecht und Menschenwürde gegenüber einer nationalsozialistischen Diktatur. Das ist verständlich. Dieses Bild aber ist einseitig.

Es drohen darüber andere Seiten seines Wesens in Vergessenheit zu geraten, gerade auch jene, die seinen tapferen Widerstand gegen diktatorische Mächte im tiefsten erst erklärbar machen: seine Gottesfurcht, näherhin sein Glaube an Gott als den Vater unseres Herrn Jesus Christus, seine tiefe Liebe zur Kirche, seine lebenspraktische Frömmigkeit mit ihrem tiefen marianischen Grundzug, seine menschliche Leidensfähigkeit und seine christliche Leidensliebe, die ihn fähig machte, nach der Gnade des Martyriums zu verlangen.

Darum begrüße ich diese von Paul Löcher vorgelegte Sammlung von Texten, in denen Clemens August Kardinal von Galen als der tiefgläubige Christ, als der Gute Hirt, als der fromme Pilger auf unserem gemeinsamen Lebenswege zu uns spricht. Möge dieses Buch sein kraftvolles Wort zu vielen Menschen bringen!

Münster, den 8. April 1978

† Heinrich Tenhumberg

DER BISCHOF ALS SEELSORGER

Von Paul Löcher

»Der Löwe von Münster« — so nennt ihn der Volks-
mund. In seinem unermüdlichen Kampf gegen das Unrecht und die Unmenschlichkeit des Nationalsozialismus
wuchs der furchtlose Bischof zu einer der überragenden
Gestalten des kirchlichen Widerstandes empor: Clemens
August Graf von Galen (1878—1946). Sein unerschrocke-
ner Einsatz für die Rechte Gottes und der Kirche wurde
inzwischen in zahlreichen Biographien und zeitgeschicht-
lichen Studien dargestellt (siehe Anhang).

Das vorliegende Buch unterscheidet sich in zweierlei
Hinsicht von der bisherigen Galen-Literatur: Einmal ist
es kein neuer Beitrag zur Lebensgeschichte des Kardinals
von Münster, sondern läßt diesen ausschließlich selbst zu
Wort kommen; zum anderen wird hier bewußt der Versuch unternommen, zeitgeschichtlich Bedingtes weitestmög-
lich zurückzustellen, um in den theologischen Aussagen
des Bischofs zum Kern seiner Glaubenswelt vorzudrin-
gen, um sichtbar zu machen, was ihm die Kraft zu seinem
heroischen Kampf gegen den Ungeist seiner Zeit gab.

Solches Unternehmen stößt indes auf Schwierigkeiten
und zwingt zu Kompromissen. Kardinal von Galen war
kein Wissenschaftler. Seine theologischen Texte findet
man nicht in gelehrten Abhandlungen. Man muß sie vor-
nehmlich suchen in seinen Predigten und Hirtenworten.
Diese aber sind aus der Zeit geboren und in die Zeit gesprochen. Wie sehr man sich auch bemüht, die aktuellen
Bezüge zu eliminieren, um das Bleibende, Allgemeingül-
tige herauszuarbeiten — immer leuchtet durch die Texte

hindurch auch der zeitgeschichtliche Hintergrund auf, vor dem sie entstanden sind.

Was so der ursprünglichen Absicht dieses Buches zunächst im Wege zu stehen scheint, fördert jedoch bald eine wesentliche Erkenntnis zutage: Die Texte des Oberhirten von Münster sind Musterbeispiele aktueller pastoraler Ansprache, geschrieben und gesprochen von einem, den die Sorge um die gefährdeten Seelen der ihm Anvertrauten unruhig macht, zur Äußerung drängt. Er kennt die Nöte und Bedrängnisse, denen seine Gläubigen ausgesetzt sind, sehr genau. Er weiß, daß er in ganz konkrete Situationen des lästigen Alltags hineinsprechen muß, wenn er zur Standhaftigkeit ermutigen, wenn er Hoffnung wecken will. In dieser Zeit der Verwirrungen und Verirrungen kann das Volk keine theologische Geistesakrobatik brauchen; man muß ihm handfeste Glaubensnahrung reichen. Nicht über die Köpfe der Leute hinweg, in die Herzen der Menschen muß man reden.

Der Bischof beherrscht alle Register einer volksnahen Verkündigung; am Stil seiner Texte läßt es sich ablesen. Er kann Glaubenswahrheiten in einer Sprache darlegen, die auch dem Gemüt seinen legitimen Platz beläßt. Er trifft die Menschen genau dort, wo er sie treffen will; da gibt es keine umschweifigen Verklausulierungen, er nennt die Dinge offen beim Namen — die Nachlässigkeiten, die Versuchungen und Verlockungen, die Verstöße gegen Gottes Gebote. Ob er die leisen oder die lauten Töne anschlägt — immer bleibt spürbar, daß seine Worte aus glühend gläubigem Herzen kommen, daß hier ein liebender Vater spricht, ein großer, volksverbundener Seelsorger. Und er weiß schließlich auch zu begeistern, wenn er, der Hüter des Glaubens, in flammenden Appellen sein Volk der Westfalen zur Wachsamkeit, zur Härte, zum Widerstand gegen die religionsfeindlichen Mächte seiner Zeit aufruft.

So gesehen, mögen die Texte dieses Buches geeignet sein, die Gestalt des großen Bischofs als Seelsorger und Verkünder des Glaubens auf eigene Weise neu zu umreißen. Eine gründlichere Untersuchung der Sprache und formalen Darstellungsweise Galens, als sie hier möglich ist, könnte vermutlich auch für die Verkündigungsform unserer Tage nützlich sein, die ja nicht weniger als damals vor der Frage steht, wie sie den Menschen noch erreichen kann. Die Rezeptur der Galenschen Verkündigungsform kann man gewiß nicht kopieren, aber nach ihren Grundbestandteilen und Methoden befragen.

Überdenkenswert scheinen viele der hier gesammelten Aussagen aber auch in anderer Hinsicht zu sein. Der heldenhafte Kampf des Bischofs von Münster war gegen Mächte gerichtet, die es bewußt auf die Zerstörung des christlichen Glaubens und der Kirche abgesehen hatten. Nur wer blind ist, vermag nicht zu sehen, daß auch heute Kräfte am Werk sind, die christliche Glaubenssubstanz in unserem Volke zu unterwandern und systematisch auszuhöhlen. Sie tragen andere Namen, sie treten nicht mit gleicher Aggressivität auf wie jene damals, sie agieren raffinierter, sie erklären die Zerstörung des Glaubens nicht durchweg offen zu ihrem Ziel, aber bewirken sie durch ihren ständigen Einfluß auf die Gesellschaft und in besonderem Maße auf unsere Jugend. Nicht unter dem Druck politischer Kräfte zwar, aber als Folge eines immer mehr um sich greifenden Wohlstandsdenkens breitet sich religiöse Gleichgültigkeit aus, schwindet die Widerstandskraft vieler Gläubigen den Verlockungen einer immer freizügiger sich gebärdenden Welt gegenüber, setzen sich Menschen leichtfertig über Gottes Gebote hinweg, um sich eine eigene, ihnen genehme Moral zurechtzuzimmern. Wieviel wurde da schon preisgegeben von dem, wofür ein Kardinal von Galen und andere kirchliche Widerstandskämpfer einst mutig auf die Barrikaden gestiegen sind!

Es ist auffallend, daß zahlreiche der in diesem Buch wiedergegebenen Texte Probleme und Gefahren nennen, die uns Christen heute noch genauso bedrängen müßten wie damals. Die Worte des Bischofs von Münster können zur Gewissensfrage werden: Was tun wir, um der schleichenden Zersetzung von Glauben und Moral in unserer Gesellschaft Einhalt zu gebieten?

Zu solcher Besinnung anzuregen, könnte eine sehr aktuelle Aufgabe dieses Buches sein. Der gläubige Leser wird sich dankbar in die Texte vertiefen und im Gewand ihrer kraftvollen, bisweilen auch geradezu innigen Sprache Wesentliches über den christlichen Glauben und die Gestaltung christlichen Lebens ausgesagt finden. Und er wird spüren, wie ihn hier ein wahrhaft frommer Mann und großer Seelsorger auch heute noch ganz unmittelbar anspricht.

DIE TEXTE

IN GOTTESFURCHT WANDELN

Das soll mein Wahlspruch sein, das soll uns allen Richtschnur sein: Nicht Menschenlob, nicht Menschenfurcht soll uns bewegen! Aber das Lob Gottes zu fördern sei unser Ruhm, selbst in heiliger Gottesfurcht zu wandeln sei unser beharrliches Streben.

IM GLAUBEN GEBORGEN

Blindem Schicksal kann man nicht vertrauen

Mutige Zuversicht und stärkendes Vertrauen sind nur möglich auf dem Boden des Glaubens an einen persönlichen Gott. Ein blindes Schicksal weiß nichts und liebt nicht. Ihm gegenüber gibt es kein Vertrauen und keine Geborgenheit; ihm gegenüber gibt es nur hoffnungsloses Hinnehmen eines sinnlosen Geschicks, oder es bäumt sich ohnmächtiger Menschenwille auf in sinnlosem Trotz und Widerstand. Wie dankbar wird man sich in schwerer Lage des Trostes unseres Glaubens an den allmächtigen Gott, unseren Vater im Himmel, bewußt.

Über den christlichen Glauben

Während jedes andere Glauben sich naturnotwendig auf fehlbare menschliche Erkenntnisse stützt, nach zeitbeschränkten, vergänglichen Zielen strebt und insofern weder volle Sicherheit geben noch letzte Erfüllung unseres Daseins versprechen kann, gründet sich »christliches Glauben« auf die unfehlbare Wahrhaftigkeit Gottes und leitet uns an zum Streben nach unserem letzten unvergänglichen Ziel. »Himmel und Erde werden vergehen, aber meine Worte werden nicht vergehen« (Mark. 13, 31). »Wahrlich, ich sage euch, wer immer mein Wort fest bewahrt, der wird den Tod nicht schauen in Ewigkeit« (Joh. 8, 51). Das sind Worte Christi, des »Urhebers unseres Glaubens« (Hebr. 12, 2), die einzig der sprechen konnte, dem »alle Gewalt gegeben ist im Himmel und auf Erden« (Matth. 28, 18), der der Ursprung und das Endziel unseres Daseins ist.

□

Glauben im christlichen Sinne ist Teilnahme am Wissen Gottes, ist eine Denkgemeinschaft mit Christus, dem Sohne Gottes. Während aber dieser die »unergründlichen Reichtümer« (Eph. 3, 8) seines Wissens, von denen er uns mitteilt, offen und unverhüllt schaut, können wir in diesem sterblichen Leben sie nur auf sein Zeugnis hin als verborgene Wirklichkeiten bejahen. Wenn unser Glaube auch ganz fest umrissene Tatbestände umfaßt, so können wir doch nicht die ganze Tiefe der göttlichen Geheimnisse erfassen.

Heute bekennen alle Wissenden, daß auch sonst die Wirklichkeit größer und weiter ist als unser Verstehen! Die Zeiten des sog. Rationalismus, in denen wissensstolze Menschen nur das als wirklich anerkennen wollten, was mit dem menschlichen Verstand ergriffen und begriffen werden kann, liegen hinter uns. Wenn aber schon im irdischen Bereich unser Verstand immer wieder auf Grenzen stößt, über die er nicht hinaus kann, jenseits derer aber noch unabsehbare Wirklichkeiten sich ausdehnen, so muß es erst recht so sein bei unserer Teilnahme am unendlichen Wissen Gottes. In der Offenbarung zieht Gott ein wenig den Schleier fort von seiner eigenen göttlichen Wirklichkeit, so daß wir im Glauben so viel davon erkennen, als er uns sehen läßt. Er wäre nicht der unendliche Gott, wenn er mit dem kleinen Maße unseres Verstandes voll erfaßt werden könnte.

□

Wer glaubt, der hört auf Gott (Röm. 10, 14 ff.). Er anerkennt, daß Gott ihm etwas zu sagen hat, daß hinwiederum er selbst es vernehmen und annehmen muß (Joh. 6, 45). Im Glauben liegt die Anerkennung der Oberhoheit und Größe unseres Schöpfers und unserer geschöpflichen Abhängigkeit. Im Glauben bezeugen wir unsere Begrenztheit und Unzulänglichkeit vor Gott und unterwerfen uns der göttlichen Wahrhaftigkeit. Im Glauben bekennen wir unser Verlangen nach Gottes Wahrheit und unser Vertrauen auf Gottes Güte und mitteilende Barmherzigkeit. Wer so Gottes Oberhoheit und seine eigene Unzulänglichkeit und Hilfsbedürftigkeit vor Gott anerkennt, der ist bereit für Gott, der steht offen für den Einstrom der göttlichen Gnade.

□

Der echte Glaube ist nicht nur eine Bewegung des Gemütes, ein Aufschwung des Herzens zu irgendeinem Ideal. Der christliche Glaube ist ein hingabefreudiges Ja des Verstandes zu dem Inhalt der göttlichen Offenbarung; er ist aber auch bereitwilliges Ja des Willens zu den aus ihr folgenden und mit ihr gegebenen Pflichten. Denn der Gläubige darf nicht stehenbleiben bei einem kalten verstandesmäßigen Ja zu den geoffenbarten Wirklichkeiten, wie man etwa die Nachricht hinnimmt, daß ein bisher unbekannter Stern entdeckt sei. Die tatenlose Rechtgläubigkeit wird vom Heiland ebenso verurteilt wie die Ungläubigkeit: »Nicht jeder, der zu mir sagt: Herr, Herr! wird in das Himmelreich eingehen, sondern wer den Willen meines Vaters tut, der im Himmel ist, der wird in das Himmelreich eingehen« (Matth. 7, 21) ... Nur jener Glaube hat Wert, aus dem das Feuer der Gottesliebe auflodert. Unser Glaube darf nicht ein totes Besitzstück sein, das wir mit uns tragen, um gelegentlich darauf zu pochen, er muß vielmehr eine Kraft sein, die unser ganzes Sein und Denken formt und gestaltet.

Die Wahrheiten, die wir im Glauben besitzen, kommen uns vom lebendigen Gott. Sie sollen in jedem, der sie bejaht, gottähnliches Leben wekken und entzünden. Sie künden uns ja von der Wirklichkeit Gottes, in der auch für uns alle wahre Größe, Schönheit, Seligkeit und Vollendung beschlossen ist.

◻

»Der Gerechte lebt aus dem Glauben« (Gal. 3, 11). Es gibt für ihn keinen Lebensbezirk, für den der Glaube keine Bedeutung hätte, den er nicht im Lichte des Glaubens sähe und ordnete. Es gibt für ihn keine Trennung und keinen Gegensatz zwischen religiösem Glauben und weltlichem Tun. Wie wäre das auch möglich? Man kann den lebendigen Menschen nicht in einen gläubigen und einen gegen den Glauben gleichgültigen Teil zerlegen. Der Mensch ist eine lebendige Einheit. Als Ganzer ist er entweder gläubig oder ungläubig. Darum ist für den Gläubigen auch alles weltliche Wirken durch den Glauben bestimmt und geweiht. Alles ordnet er hin auf die ihm erschlossene göttliche Wirklichkeit, die er als Maßstab und letztes Ziel erkennt, die ihm Vollendung verspricht. Er kann seine Denkgemeinschaft mit Christus nie verleugnen, wo immer er steht, was immer er tut. All sein Schaffen in Beruf, Familie, Volksgemeinschaft sieht und ordnet er im Lichte des Glaubens. Das bedeutet nicht, daß er den von Gott den irdischen Dingen gegebenen Eigenwert übersieht. Aber für ihn ist dieser Eigenwert nie letzter Wert, sondern nur abgeleiteter Wert, nur aufwärts weisender Wert: zu Gott, »der da wirkt alles in allen« (1. Kor. 12, 6).

□

Der Glaube ist ein Werk der Gnade Gottes. Wir haben in der Taufe die Glaubensfähigkeit und den Antrieb zum Glauben empfangen. Da ist sie wie ein verborgener Keim in uns hineingesenkt worden. Wenn der Keim auch verborgen ist, so treibt er doch, weil er Leben ist, in unsere Gesinnung hinein, treibt uns zu gläubiger Gesinnung. Immer kommt der erste Antrieb zum Glauben von Gott. Der Mensch muß diesen Antrieb aufnehmen, ihm gehorchen in liebender Bereitwilligkeit für Gott ... Alles, was die Bereitschaft unseres Herzens für Gott erhöht, jeder

Gehorsam gegen Gott, jedes Opfer für Gott stärkt unseren Glauben. Alles, was sie schwächt, jede Gleichgültigkeit gegen Gott, jeder Ungehorsam mindert die lebendige Kraft unseres Glaubens. Ja, wenn unser Herz sich in der Sünde abwendet von Gott, droht uns die Gefahr, daß auch der Glaube zunichte wird und verlorengeht. Unser Verstand wird das Ja zu Gottes Wahrheit nur sprechen, wenn unser Wille sich für Gott entscheidet. Die Entscheidung über Glauben und Unglauben liegt im Willen. Darum ist der Glaube freie und verdienstliche Tat. Das ist die beste Sicherung unseres Glaubens, daß wir durch die Liebe suchen, eins mit Gott zu werden. Dann erfahren wir, daß die gläubige Hingabe an Gott unser Dasein erhöht und erhellt, daß es Erniedrigung und Verfinsterung bedeuten würde, wenn wir ihn verlieren.

Wer die Sonne leugnet, löscht sie nicht aus

In großer Sorge um unser deutsches Volk, um seine Zukunft und das Glück der kommenden Generation, um unsere Jugend, die vielfach der Verführung preisgegeben ist, das Wissen um Gott, unseren Ursprung und unser Endziel, und damit die Grundlage sittenreiner Lebensführung zu verlieren, müssen wir feststellen, daß in unserer Mitte echtes Heidentum das Haupt erhebt, sich ausbreitet, um Anhänger wirbt. »Laßt uns zerreißen, was uns an ihn bindet, laßt uns abwerfen die Last seiner Gebote«, das ist der Lockruf, der verführerisch an das Ohr der Jugend dringt, der so leicht Aufnahme findet und Widerhall in unerfahrenen Herzen, besonders in Zeiten und Stunden der Versuchung und des Kampfes. Gewiß, »der im Himmel thront, lacht ihrer; der ewige Herrscher hat für solches Tun nur Spott« — diese Gleichnisrede des Propheten gilt heute ebenso wie vor dreitausend Jahren. Wer die Augen schließt, um das Licht nicht zu sehen, mag die Sonne leugnen: Er löscht sie nicht aus. Gott ist, er ist der »Seiende«, der durch sich selbst von Ewigkeit zu Ewigkeit Bestehende, der von jedem anderen Wesen völlig Unabhängige; mögen ihn die Geschaffenen, die Gewordenen und Vergänglichen erkennen und anerkennen oder nicht. Wer die Wegweiser umstürzt, wer bei stürmischer Seefahrt Karte und Kompaß über Bord wirft, verdient bei selbstverschuldetem Untergang nur Hohn und Spott. Und ebenso: Wer Gottes Offenbarung und gütige Wegführung verschmähend in die Irre geht, zugrunde geht, verdient kein Mitleid — er stürzt nur sich ins Verderben, nicht den allmächtigen Gott von seinem

22

Thron. Wer die Unsterblichkeit der Seele leugnet, entzieht sich nicht der Hand des Allmächtigen, der ihn erschaffen hat mit der Bestimmung, auch nach dem irdischen Tode ein vollbewußtes Einzelleben fortzuführen in alle Ewigkeit. Dann wird im Lichte der ewigen Wahrheit dem Gottesleugner aufgehen die Erkenntnis der Toren: »Also haben wir geirrt, uns verirrt vom Wege der Wahrheit, das Licht der Gerechtigkeit haben wir verschmäht, die Sonne der Erkenntnis ist uns nicht aufgegangen« (Weish. 5, 6).

Gott ist nicht fern von uns

Wir sind Gottes Eigentum. Das ist eine Tatsache, deren Wirklichkeit unabhängig ist von unserem Wissen und Wollen. Alles, was außer Gott ist, ist durch Gottes freien Willensentschluß geworden. Gott hat Himmel und Erde und alles, was darin ist, durch seinen allmächtigen Willen aus nichts erschaffen. Weil alles, was außer Gott besteht, nicht aus eigener Kraft, sondern einzig durch ihn dem Nichtsein entrissen, ins Dasein gesetzt ist, ist auch dieses Dasein, das Bestehen des Geschaffenen, in jedem Augenblick das Werk seines allmächtigen Willens.

Die vernunftlose Kreatur, der tote Stoff, die

Pflanze, das Tier wissen nichts von ihrem Ursprung durch Gott, nichts von dem allmächtigen Herrn der Natur, der ihr die Gesetze gegeben hat und durch seine Vorsehung alles erhält und regiert. Wir Menschen aber, deren Seele Gott nach seinem Ebenbilde erschaffen und mit Vernunft und freiem Willen ausgestattet hat, sind befähigt und verpflichtet, das Dasein und die unbeschränkte Oberhoheit des ewigen und überweltlichen Gottes, unseres Schöpfers und Herrn, zu erkennen und anzuerkennen. Wir sind nicht durch uns selbst und somit nicht unsere eigenen Herren, denn unser Dasein haben wir von Gott. Wir sind nicht ein Produkt blinder, vernunftloser Naturgewalten, sondern wir sind von der ewigen Weisheit und Güte ins Dasein gerufen. Ein jeder von uns ist nicht ein Rädchen nur im großen Getriebe des Weltgeschehens, sondern jeder einzelne ist ein bevorzugtes Meisterwerk desjenigen, der den Vögeln Nahrung gibt und die Lilien des Feldes kleidet und der selbst uns gesagt hat: »Seid ihr nicht viel mehr als sie?« (Matth. 6, 26); der uns zu beten lehrte: »Vater unser, der du bist im Himmel« (Matth. 6, 9); der jeden von uns bestimmt und berufen hat, im himmlischen Vaterhaus ewiges Glück zu besitzen.

Wenn Vater und Mutter nicht bei uns sind, wenn ihre tätige unermüdliche Liebe und Sorge uns nicht mehr umgeben, schützen und führen können, dann ist doch jedem einzelnen noch die Vatersorge und Mutterliebe dessen nahe, von dem wir mit den Worten des apostolischen Glaubensbekenntnisses bekennen: »Ich glaube an Gott, den allmächtigen Vater«. Wir wissen: »Gott ist nicht fern von einem jeden von uns; in ihm leben wir, bewegen wir uns, sind wir« (Apg. 17, 27).

Die Gebote

»Ich bin der Herr, dein Gott!« So hebt dieses unabänderliche Gesetz an. »Du sollst keine fremden Götter neben mir haben.« Der einzige, ewige, überweltliche, allmächtige, allwissende, unendlich heilige und gerechte Gott hat dieses Gebot gegeben, unser Schöpfer und einstiger Richter! Aus Liebe zu uns hat er die Gebote unseren Herzen eingeschrieben und sie uns verkündet; denn sie entsprechen dem Bedürfnis unserer von Gott geschaffenen Natur; sie sind die unabdingbaren Normen eines vernunftmäßigen, eines gottgefälligen, eines heiligen Menschenlebens und Gemeinschaftslebens. Wenn wir Menschen diesen Befehlen, diesen Einladungen, diesem Rufe Gottes folgen, dann sind wir behütet, beschützt, vor

Unheil bewahrt, gegen das drohende Verderben verteidigt wie die Küchlein unter den Flügeln der Henne!

Was ist Gewissensfreiheit?

Das ist der wahre Sinn des heute so oft gebrauchten Wortes Gewissensfreiheit: Nicht, daß jeder einzelne nach Lust und Laune und Willkür sich einen Gott und eine Religion machen und selbstherrlich die Wünsche seines Herzens als Forderungen des Gewissens aufstellen kann, sondern daß alle Menschen, hoch und niedrig, Herrscher und Beherrschte, ihr Gewissen formen nach der unveränderlichen Gotteswahrheit, ihr Handeln gestalten nach dem heiligen Gottesgesetz, das das im Lichte der göttlichen Wahrheit geformte eigene Gewissen als verpflichtende Norm des Handelns ihm vorstellt.

Die Stimme in uns

Gott spricht zu uns durch die Stimme der vernünftigen Natur. Was ist es im Grunde anderes, als das Zeugnis unserer eigenen natürlichen Vernunft, wenn unser Inneres urteilt über Gut und

Bös, über Wahr und Falsch, über Gerecht und Ungerecht? Das Gewissen nennen wir diese innere Stimme, oder auch wohl die Stimme Gottes in uns, denn Gott, der Schöpfer, hat diese Unterscheidungsgabe in uns hineingelegt, um den Drang, die Berechtigung und den moralischen Wert der menschlichen Handlungen danach zu beurteilen. Das Gewissen ermutigt oder warnt uns vor der Tat, es lobt oder tadelt uns nach der Tat. In jedem Menschen spricht diese Stimme im Grundsätzlichen völlig gleichtönend. Denn jeder Mensch erkennt und weiß: Das Gute ist zu tun, das Böse ist zu meiden; Wahrhaftigkeit, Gerechtigkeit sollen sein, Lüge, Ungerechtigkeit sind Zerstörung der Ordnung, usw.

Wohl kann es Zweifel und Meinungsverschiedenheiten darüber geben, was auf irgendeinem Gebiet, was in einem vorliegenden Einzelfall Gut oder Bös, Wahr oder Falsch, Recht oder Unrecht sei. Wohl kann ein Mensch, in Vernachlässigung des Strebens nach Erkenntnis des unveränderlichen Maßstabes für Gut und Bös, Wahrheit und Lüge, Recht und Unrecht, in seinem Gewissensurteil das Richtige verfehlen und so schuldbar oder auch entschuldbar in die Irre gehen. Auch mag es vorkommen, daß ein Mensch im Leichtsinn oder durch absichtliches Mißachten der Gewissensstimme in Arbeit oder Genuß sich selbst betäubt, sein Herz taub macht, diese Stimme zu hören. Dennoch bleibt wahr, was der Apostel Paulus von den Heiden sagt: »Wenngleich sie das Gesetz nicht kennen, tun sie von Natur aus, was dem Gesetz entspricht. Sie zeigen damit, daß der Inhalt des Gesetzes in ihr Herz geschrieben ist, indem ihr Gewissen ihnen Zeugnis gibt und die Gedanken sich untereinander anklagen oder auch verteidigen.« (Röm. 2, 14, 15).

Das allen Menschen angeborene Gewissen beweist, daß wir uns verantwortlich fühlen für unsere Handlungen, auch für solche Handlungen, die ohne menschliche Zeugen und Mitwisser im Verborgenen geschehen. Verantwortlich sein heißt Rechenschaft schuldig sein vor einem Höheren, vor einem Herrn, Auftraggeber und Richter. Wen sein Gewissen anklagt, der weiß sich schuldig vor einem Höheren, der über allem Menschentum waltet und herrscht und richtet; der weiß sich verantwortlich vor einem, dessen Vollkommenheit, Wahrhaftigkeit, Gerechtigkeit absolut und unveränderlich über uns stehen und Maßstab sind für unser Gutsein, Wahrhaftsein, Gerechtsein; der weiß sich verantwortlich vor dem überweltlichen, allwissenden Gott, »dessen Augen sind wie Feuerflammen und dessen Füße wie geglühtes Erz« (Offbg. 2, 18).

MIT CHRISTUS VEREINT

Er schenkt uns neues Leben

»Meine Kindlein«, schreibt der hl. Johannes, »ich schreibe euch dieses, damit ihr nicht sündigt. Wenn aber jemand doch sündigen sollte, so haben wir einen Fürsprecher beim Vater: Jesus Christus, den Gerechten. Er ist das Sühnopfer für unsere Sünden, und nicht nur für unsere, sondern für die der ganzen Welt« (1 Joh. 2, 1 f.). So reich ist die Erlösungsgnade Jesu Christi, daß sie überfließend genügt, um Sühne zu leisten für die Sünden der ganzen Welt. Wenn also ein armer Mensch, verführt durch Leidenschaft, geblendet vom falschen Schein trügerischen Glückes, in Sünde gefallen ist und damit das Leben der Gnade verloren hat, so soll und darf er nicht verzweifeln. Christus ist nicht nur unser Befreier aus den Fesseln der Erbsünde, nicht nur unser Arzt, der die Krankheit der Seele heilt: Seine Barmherzigkeit will auch dem noch das Leben wiederschenken, dem bereits das Urteil des ewigen Todes droht. »Frieden hat er gestiftet durch sein Blut am Kreuze« (Kol. 1, 20). Er gibt dem Sünder den Frieden durch die Verzeihung der Sünden. Damit wir wissen, wie wir Verzeihung finden können, hat er seinen Aposteln die fast unbegreiflich weit gehende Vollmacht gegeben: »Welchen ihr die Sünden nachlassen werdet, de-

31

nen sind sie nachgelassen« (Joh. 20, 23). Wahrhaftig, er verlangt nicht viel: Er verlangt Abkehr von der Sünde in wahrer Herzensreue, den Willen, die Sünde zu meiden, sowie das demütige Bekenntnis vor dem Gesandten Christi: »Bekennen wir unsere Sünden, so ist er treu und gerecht; er vergibt uns unsere Sünden und macht uns rein von aller Ungerechtigkeit«; denn: »Das Blut Jesu Christi, des Sohnes Gottes, reinigt uns von allen Sünden« (1. Joh. 1, 7). So »laßt uns also mit Zuversicht hintreten zum Throne der Gnade, damit wir Barmherzigkeit finden und Gnade zu rechtzeitiger Hilfe« (Hebr. 4, 16). Im heiligen Bußsakrament wird dem zum Tode Verurteilten das Geschenk neuen Lebens zuteil. »Rechtzeitige Hilfe«: darum ergeht an alle armen Sünder zumal in der heiligen Osterzeit die Einladung zu einer würdigen reumütigen Osterbeichte; jetzt sind für uns Lebende ja noch »die Tage des Heiles«. Und ernst ist für einen jeden von uns die Mahnung des Heilandes: »Es kommt die Nacht, in der niemand mehr wirken kann.«

Der beste Platz

Vor dem Tabernakel ist es am besten auszuhalten in dieser unwirtlichen Welt.

Die Herzen nach dem Herzen Jesu bilden

Das heiligste Herz Jesu ist, wie die ganze menschliche Natur Jesu Christi, aufs innigste und für immer vereinigt mit der unendlich erhabenen zweiten göttlichen Person. Darum ist es in Wahrheit ein göttliches Herz, das Ehre und Anbetung verdient von allen Geschöpfen. Das heiligste Herz Jesu ist aber zugleich geblieben und wird in Ewigkeit bleiben ein wahres Menschenherz, ein besonders wertvoller Teil jenes heiligen Menschenleibes, den der Sohn Gottes aus Maria, der reinsten Jungfrau, angenommen und aus Liebe zu uns Menschen freiwillig in den Tod gegeben hat.

Was immer die Funktion des Herzens im Ablauf der menschlichen Lebensvorgänge sein mag, es ist gewiß nicht unbegründet, wenn das Herz allgemein als der Mittelpunkt und das Organ des menschlichen Strebevermögens betrachtet wird. Wie das Haupt der Sitz des Verstandes ist, in dem die Gedanken, Erkenntnisse, Schlußfolgerungen ihren Ort und Ursprung haben, so gilt das Herz als die Werkstatt des freien Willens, als der Sitz der freien Entschlüsse und Entscheidungen. Wohl soll die Überlegung des Verstandes und seine Erkenntnis des Guten und des Bösen dem Entschluß des Willens vorausgehen, und darum gebührt dem Haupte als dem Sitze der Wahrheitserkenntnis die Herrscherkrone. Aber den sittlichen Wert erhält die menschliche Handlung durch die Entscheidung des Herzens als des Organs des freien Willens, der sich für das als gut Erkannte entscheiden soll, aber auch das als böse Erkannte wählen kann. Das Herz ist der Ursprungsort der Entscheidungen für Gut und Böse. Der göttliche Heiland selbst hat gesagt: »Aus dem Herzen kommen böse Gedanken, Mord, Ehebruch, Unzucht, Diebstahl, falsches Zeugnis, Gotteslästerung. Das macht den Menschen unrein« (Matth. 15, 19, 20). Und: »Selig sind, die ein reines Herz haben« (Matth. 5, 8). — So ist das Herz für uns der Sitz und das Sinnbild der sittlichen Entscheidungen und des sittlichen Wertes des Menschen: Tugend und Laster haben ihren Ort und ihren Wirkraum im menschlichen Herzen.

Wenn dem so ist, welche Ehrfurcht müssen wir dann haben vor dem göttlichen Herzen Jesu, diesem Schauplatz und Organ der heiligsten Entscheidungen und Entschlüsse, die je ein Mensch gefaßt hat! Was hat denn dieses Menschenherz gewollt? Niemals etwas anderes, als den heiligsten Willen Gottes erfüllen! Mit seinem ersten Schlage hat dieses Herz sich dafür entschieden; denn »eintretend in die Welt sprach er: Sieh, o

Gott, ich komme, um deinen Willen zu erfüllen« (Hebr. 10, 7). Als zwölfjähriger Knabe im Tempel zurückbleibend, hat er seinen Eltern den Schmerz der Trennung auferlegt, weil der Wille Gottes ihm die Entscheidung für solches Handeln aufgegeben hatte. Als Mann konnte er seinen Jüngern sagen: »Meine Speise ist es, den Willen dessen zu tun, der mich gesandt hat« (Joh. 4, 34). Im Ölgarten, als seine menschliche Natur zurückschreckte vor den vorausgesehenen Leiden, ergab er starkmütig seinen Willen in den Willen Gottes: »Vater, nicht mein, sondern dein Wille geschehe!« (Luk. 22, 42). Wahrhaftig, Christus »ist gehorsam geworden bis zum Tode, ja bis zum Tode am Kreuze« (Phil. 2, 9).

In solch vollkommenem Gehorsam gegen Gott ist die Übung aller Tugenden eingeschlossen. So haben wir in diesem, ganz dem heiligen Willen Gottes ergebenen Herzen Jesu tatsächlich das höchste Vorbild, ja, wie die Kirche uns beten läßt, den »Abgrund aller Tugenden«. Nicht eine Tugend ist, die ihm fehlt, die er nicht in unendlich vollkommenem Maße besitzt und übt. Lest aufmerksam das heilige Evangelium durch und erkennet aus Jesu Worten und Handlungen sein heiligstes Herz, das nichts anderes sucht und erstrebt als die Ehre Gottes und das Heil der Menschen. Wie könnten wir ein besseres Vorbild finden, um unsere Herzen danach zu bilden, wie könnten wir sicherer den Weg zum Himmel gehen als im engsten Anschluß an dieses heiligste Herz und in der Nachahmung seiner Tugenden. Wahrhaftig, es ist »würdig und recht, billig und heilsam«, daß wir diesem göttlichen Herzen anbetend huldigen und daß wir uns selbst, daß jedes Menschenherz sich diesem heiligsten Herzen in dankbarer Liebe hingebe und weihe!

Nicht nur im Walde beten . . .

Gewiß, man kann auch zu Hause und auf dem Felde, in der Werkstatt und im Walde Gott anbeten, ihm Lob und Sühne darbringen. Aber all dies arme menschliche Tun reicht in Wert und Würde nicht entfernt heran an die unendliche Erhabenheit, Größe und Wirksamkeit jener heiligen Opfergesinnung, welche von dem Opfer Christi auf dem Altare, als der unblutigen Erneuerung des Erlösungsopfers Christi auf Golgatha, zum Throne der göttlichen Majestät emporsteigt. Daß wir uns dieser Opfergesinnung Jesu anschließen, daß wir so innerlich mit Christus vereint der göttlichen Majestät ein würdiges Opfer darbringen, dazu bietet uns die heilige Messe Gelegenheit, das ist unsere Aufgabe, wenn wir der heiligen Messe beiwohnen. Und darum hält uns die Kirche in Liebe zu ihrem göttlichen Bräutigam und in Liebe zu uns, ihren Kindern, an, dieses heilige Opfer immer wieder mitzufeiern.

Immer schlägt für uns ein Herz voll Liebe

Durch das Wort des Priesters wird Christus Tag für Tag an unzähligen Orten »vom Aufgang der Sonne bis zum Untergang« (Mal. 1, 11) bei der heiligen Wandlung in der Messe gegenwärtig, bringt er sich als Opfer für uns dar, bietet sich als Opferspeise und Nahrung für die Seele an. Und von einem Tage zum anderen, von einer heiligen Messe zur anderen verkündet das flakkernde »ewige Licht« vor dem Tabernakel, daß hier in der Brotsgestalt ein lebendes Herz voll Liebe für uns schlägt. Quid retribuam? Was sollen wir dem Herrn für solche Liebe vergelten? Laßt uns mit den Worten der Kirche antworten: »Ich will den Kelch des Heiles nehmen und den Namen des Herrn anrufen. Lobend will ich anrufen den Herrn, und ich werde sicher sein vor meinen Feinden.« Ja, Sicherheit vor den Feinden unseres Heiles gibt uns die Heilandsnähe in unseren Kirchen. Wenn wir sie ausnutzen; wenn wir oft, womöglich täglich, durch andächtige Mitfeier der heiligen Messe uns mit Christus vereint Gott als Opfer hingeben; wenn wir oft, womöglich täglich, uns mit Christus, dem Sieger über Tod und Hölle, in der heiligen Kommunion verbinden; wenn wir immer wieder den aus Liebe zu uns in jeder katholischen Kirche unter uns wohnenden Gottmenschen besuchen, um ihm unsere Liebe zu schenken, unseren Dank, unsere Bitten, unsere Sühne darzubringen.

Von der rechten Teilnahme am Opfer Christi

Unendliche Huldigung bringt der Gottmensch im Namen der Menschheit der göttlichen Majestät dar durch die würdigste Darbringung der würdigsten Opfergabe. Damit wir an dieser Huldigung teilnehmen, damit auch unsere Huldigung Gottes würdig werde, vergegenwärtigt er in der heiligen Messe sein Opfer und gibt uns Gelegenheit, sein Opfer als unser Opfer dem himmlischen Vater darzubringen. Wenn wir am heiligen Meßopfer teilnehmen, ist unsere Opfergabe stets Gottes würdig. Wie aber steht es mit unserer Opfergesinnung? . . .

Die erhabene Handlung, die sich vor uns auf dem Altare vollzieht, fordert ihrer Natur nach von uns eine innere Gesinnung und Anteilnahme, welche als Opfergesinnung den heiligsten Gesinnungen des für uns sich opfernden Heilandes entspricht: »Siehe, o Gott, ich komme, deinen Willen zu erfüllen!«

Darum mahnt uns die Kirche durch das Confiteor am Beginn der heiligen Messe und die symbolische Handwaschung des Priesters, in demütiger Reue Rückschau zu halten auf die Vergangenheit und um Verzeihung zu flehen für unsere »unzähligen Sünden und Beleidigungen und Nachlässigkeiten«, durch die wir der göttlichen Majestät mißfällig geworden sind. Darum leitet sie uns an, bei der Opferung mit dem Brote und dem Weine uns selbst, unseren Leib und unsere Seele, unsere Berufsarbeiten und unsere Leiden aufs neue Gott zu schenken und alles seinem Dienste zu weihen. Wenn wir uns so mit Reue über die Fehler der Vergangenheit und mit festem Vorsatz für ein Leben nach dem Willen Gottes in der Zukunft innerlich mit den Opfergesinnungen des heiligsten Herzens Jesu vereinigt haben, dürfen wir es wagen, bei der heiligen Wandlung das »Lamm Gottes«, das einzig Gottes würdige und Gott ganz wohlgefällige Opfer, als unsere Opfergabe Gott darzubringen.

Solche innere Gemeinschaft mit Christus, solche volle Hingabe an Gott in gläubiger Anbetung, demütiger Reue, großmütigem Gehorsam und hoffendem Verlangen nach göttlicher Gnade ist auch für alle, die im Stande der Gnade sind, die beste Vorbereitung auf die Teilnahme am heiligen Opfermahl, das die unendliche Liebe Jesu Christi uns bereitet hat in der heiligen Kommunion. Die heilige Kommunion, der Genuß der Opferspeise, ist das Unterpfand und die unmittelbare Austeilung des göttlichen Segens, den Gottes Freigebigkeit als gnadenreiche Vergeltung um der Verdienste Jesu Christi willen uns schenken will. »Hier wird die Seele mit Gnaden erfüllt und uns das Unterpfand der künftigen Glorie gegeben« . . .

Von dieser Gnadenkraft und Lebenswirksamkeit der heiligen Messe werden freilich jene kaum etwas erfahren, welche ohne innere Teilnahme und ohne Opfergesinnung nur äußerlich dem heiligen Opfer beiwohnen, vielleicht nur, weil Familiensitte und Heimatgewohnheit sie dazu anhalten, während doch »ihr Herz ferne ist«. Solche werden es sein, die sich nichts daraus machen, regelmäßig in die Sonntagsmesse zu spät zu kommen, und sogar vor ihrem Abschluß ohne triftigen Grund die Kirche verlassen; sie zeigen ja damit, daß sie weder Verständnis noch geziemende Ehrfurcht haben gegen das unbeschreiblich erhabene Geschehen auf dem Altare, das die

Engel entzückt und die Erde Gott wohlgefällig macht.

Aber auch jene, die mit im Grunde gutem Willen zur Sonntagsmesse, zur Werktagsmesse kommen, mögen in menschlicher Schwäche und Nachlässigkeit nicht selten es fehlen lassen an jener lebendigen Opfergesinnung, welche sie wirklich eng mit dem Opfergedanken Jesu verbinden und dadurch ihre Herzen für die Aufnahme wirksamer Gnade voll empfänglich machen würde. Wenn wir an uns und an anderen beobachten müssen, daß wir trotz eifrigen Besuches der heiligen Messe, vielleicht sogar trotz oftmaligen Empfanges der heiligen Kommunion noch so schwach sind in Versuchungen, so vielfach noch sündigen durch Zorn, Ungeduld, Lieblosigkeit, durch Unverträglichkeit, Unwahrhaftigkeit, Opferscheu und nicht ganz selbstloses Handeln, so müssen wir uns sagen, daß wir uns nicht genug bemühen um echte, rückhaltlose Opfergesinnung.

Unser Sonntag

Die göttliche Bestätigung der Vollendung der Erlösung, die Gewährleistung des Sieges Christi über den Tod und den »Fürsten des Todes« ward uns in der glorreichen Auferstehung des Herrn

»am ersten Tage nach dem Sabbat« gegeben ...
Darum feiern wir jedes Jahr Ostern nach den
traurigen und doch im Andenken an die Liebe
des Erlösers so trostvollen Kartagen. Darum
feiern wir in jeder Woche »am ersten Tage nach
dem Sabbat« den Sonntag als die immer wieder-
kehrende Erinnerung an die Vollendung der Erlösung und als die Jubelfeier der Erlösten. Nach
uraltem Gottesgesetz soll ein Tag der Woche als
Tag der Arbeitsruhe in der Menschheit die Ge-
wißheit erhalten, daß der Fluch der Sünde, durch
welche die Arbeit zur Strafe wurde, nicht für
immer auf dem Menschen lasten soll. Für uns
ist der Sonntag mehr: Tag der Ruhe von knecht-
licher Arbeit, aber auch Tag der dankbaren
Rückschau auf die Erlösungstat Jesu Christi und
Tag reicher Zuwendung der Erlösungsgnade. Daher der verpflichtende Ruf der Kirche zur Mitfeier der unblutigen Erneuerung des Erlösungsopfers durch andächtige Teilnahme an der heiligen Messe an allen Sonn- und Feiertagen ...
Daher die dringende Bitte an alle durch Christi
Blut Erlösten, durch Taufe und Bußsakrament
vom Sündentod Befreiten, wenigstens am Sonntag sich dem Arzt und Heiland unserer Seele zu
nahen, um in der heiligen Kommunion das Ge-
genmittel gegen die ererbte Krankheit, die stär-
kende Gnade für den Kampf mit den »Gelüsten

des Fleisches« zu empfangen. Laßt euch und euren Kindern die christliche Sonntagsfeier nicht nehmen! ... Wer weiß, was Christi Erlösung für uns alle und für jeden einzelnen aus uns bedeutet, der wird in jeder Woche den Sonntag feiern als den Tag dankbarer Erinnerung an die Befreiung aus der Gefangenschaft der Sünde, als den Tag der Stärkung durch die heiligen Sakramente zur Überwindung der durch die Erbsünde uns überkommenen Schwäche, als den Tag der Freude über die Befreiung vom Urteil des ewigen Todes. Die christliche Feier des Sonntags in Arbeitsruhe und Gottesdienst, im Familienkreise und im Gotteshaus sei der Ausdruck und die Betätigung unseres Dankes gegen den, der aus unendlicher Liebe »uns für Gott erkauft hat in seinem Blute«.

MARIA VERBUNDEN

Trösterin der Betrübten

Maria, die Gottesmutter, nennen wir die »Trösterin der Betrübten«. Sie allein von allen Adamskindern wurde um der vorausgesehenen Verdienste ihres göttlichen Sohnes willen vom ersten Augenblick ihres Daseins an vor jeder Makel der Erbsünde bewahrt. Mit Gottes Gnade hat sie sich auch von jeder persönlichen Sünde freigehalten. So ist sie für jeden, der das weiß, für jeden, der zu ihrer unbefleckten Reinheit aufschaut, eine Erinnerung an den glücklichen Urzustand der Menschen, ist sie ein Beispiel und ein Beweis dafür, wie makellos und rein der Mensch ursprünglich von Gott erschaffen worden ist. Maria hat den wunderbaren Schmuck der heiligmachenden Gnade, den unsere Stammeltern durch die Sünde für sich und uns verloren haben, vom ersten Augenblick an besessen und durchs ganze Leben bewahrt. So war der Ausblick auf sie, auf den Sieg ihres Sohnes über die Sünde, der große Trost, den Gottes Güte den ersten Menschen schon bei der Vertreibung aus dem Paradies mitgegeben hat; so war sie schon in der Zeit des Alten Bundes für alle, die Gottes Offenbarungen kannten und verstanden, eine »Trösterin der Betrübten«.

Und für uns, die wir im hellen Licht der »frohen Botschaft« wandeln, die wir um die Erlösung von der Knechtschaft der Sünde durch den Sühnetod Jesu Christi wissen, ist ihre Sündenreinheit ein Unterpfand der mächtigen Gottesgnade, die uns in der Taufe von der Erbsünde gereinigt und mit der Gotteskindschaft ausgestattet hat, die uns beisteht im Kampf gegen die Sünde, die sogar nach schuldhaftem Rückfall in die Sünde uns im heiligen Bußsakrament aufs neue Verzeihung und die Gotteskindschaft schenkt. So ist Maria geworden die »Hilfe der Christen« besonders im Kampfe um die Bewahrung vor Sünde. So ist sie geworden die »Zuflucht der Sünder«.

Wohl war sie durch Gottes Gnadenvorzug von der Erbschuld der Adamskinder frei geblieben; aber die zeitlichen Folgen der ersten Sünde, den leiblichen Tod mit all seinen Vorboten: Leid und Sorge, Not und Schmerz hat sie getragen und verkostet gleich uns allen, ja, mehr wie wir alle. Erwäget nur andächtig jene Ereignisse im Leben der Gottesmutter, die wir kurz mit dem Namen der »sieben Schmerzen Mariä« bezeichnen, und seht, daß wir mit Recht die Worte aus den Klageliedern des Propheten Jeremias ihr in den Mund legen: »O ihr alle, die ihr vorübergeht am Wege, habet acht und schauet, ob ein Schmerz ist gleich meinem Schmerz«. Wie furchtbar hat sie den Tod erduldet: Wohl wird ihr eigenes Sterben ruhig und friedlich gewesen sein, ein sanftes Erlöschen der leiblichen Kräfte, ein frohes Hinübergehen der Seele in das Land ihrer Sehnsucht, in die beseligende Anschauung Gottes, in die ewige Gemeinschaft mit ihrem göttlichen Sohn. Aber die Trübsal des Todes hatte sie schon vorher in unbeschreiblicher Bitterkeit durchlitten, als sie drei Stunden unter dem Kreuze Jesu stand, als das heiligste Herz Jesu von der Lanze durchbohrt wurde, als sie sich von dem mit einem Stein verschlossenen Grabe Jesu trennen mußte! Besonders in dem Erleiden und Ertragen dieser unermeßlichen Betrübnis ist Maria geworden die »Trösterin der Betrübten«.

»Maria *stand* unter dem Kreuze«, so berichtet der heilige Johannes, der als Augenzeuge dabei zugegen war. Sie brach nicht zusammen, sie sank nicht zu Boden: »Maria stand unter dem Kreuze«! Was sie stützte und hielt, was ihr die Stärke gab, die furchtbarste Betrübnis standhaft durchzuhalten, das war die Kraft der rückhaltlosen Hingabe an den heiligen Willen Gottes. Dem bösen Beispiel des Ungehorsams, das Eva gegeben hatte, hat sie das gute Beispiel vollkommenen Gehorsams entgegengesetzt. »Sieh, ich bin die Magd des Herrn. Mir geschehe nach deinem Wort« (Luk. 1, 38). Mit diesen Worten, mit dieser Gesinnung hat sie einst die Botschaft des Engels beantwortet; diese Haltung hat sie durch alle Wechselfälle des Lebens unentwegt bewahrt. Und so war sie befähigt und gerüstet, auch das Schwerste und Furchtbarste, das Gottes Wille ihr auferlegte, das qualvolle Leiden und Sterben ihres göttlichen Sohnes, starkmütig mit anzusehen und zu ertragen. Wenn auch das Leid fast übermächtig auf sie einstürmte, wenn auch ihr Herz fast gebrochen wäre im Schmerz des Mitleidens: Ihre Seele blieb ruhig und gefaßt im Frieden der vollen Übereinstimmung mit dem Willen Gottes, in der restlosen Hingabe an den Willen Gottes, die sie durch ihr ganzes Leben geübt hatte. Dadurch wurde sie für uns die »Trösterin der Betrübten«.

Seht ihr nicht, welchen Trost in jeder Betrübnis wir aus der Betrachtung dieses heldenmütigen Beispiels der Mutter Gottes gewinnen können? Es zeigt uns ja, wie wir uns rüsten können für jede Trübsal, wie wir Stärke und Trost finden können in Leid und Sorge, in Krankheit und Todesnot. Wenn wir uns Maria anschließen, wenn wir uns beständig üben, mit ihr in allen Schickungen und Prüfungen den heiligen Willen Gottes zu erkennen, bereitwillig anzunehmen, starkmütig zu umfassen, dann finden wir auch die Kraft, mit ihr »unter dem Kreuze zu stehen«, standhaft zu bleiben und ruhig auch im bittersten Leid.

Es gibt Trübsal und Leiden, in denen jeder irdische Trost versagt, Schicksalsschläge, deren Sinn und Wert wir nicht ergründen können, die für menschliches Denken unerklärlich, ja widersinnig erscheinen; die uns sogar zu der Frage drängen: »Wie konnte Gott das zulassen?« Hätte nicht auch Maria unter dem Kreuze so fragen können? Sie hat es nicht getan!

So laßt uns denn gehen zu Maria, der »Trösterin der Betrübten«. Ihr Beispiel lehrt uns, wo wir in jeder Betrübnis wahren Trost und bei allen Stürmen den Frieden Gottes finden: in der kindlichen Unterwerfung unter den heiligen Willen Gottes, in der restlosen Hingabe an den heiligen Willen Gottes.

□

Ich war am Schmerzensfreitag in Telgte. Es hat mir gutgetan zu betrachten, daß es sicher nicht Mangel an Liebe zu seiner Mutter war, wenn der liebe Heiland sie so schrecklich leiden ließ. Im Gegenteil, sie sollte dadurch geehrt werden und geheiligt werden, daß sie, ganz unschuldig, teilnehmen durfte am Erlösungsleiden für die Welt.

Königin des Friedens

Königin des Friedens! Hat das die Bedeutung, daß wir von der königlichen Macht der Himmelskönigin ein Wunder erwarten und erflehen sollen? Daß sie durch die souveräne Allmacht ihres göttlichen Sohnes den Kriegswaffen ihre Schärfe und dem bösen Willen der Menschen seine Wirkkraft nehme? Wer solche Wunder erwartet, der kennt nicht die weisen Wege der göttlichen Weltregierung, der mißkennt auch das Königsgesetz der Königin des Friedens.

Pax est tranquillitas ordinis. Friede ist Ruhe in der Ordnung. Gott, der allmächtige Schöpfer, hat der unvernünftigen Kreatur, von den gewaltigen Himmelskörpern bis zum winzigen Würmchen, das im Staube kriecht, sein Ordnungsgesetz auferlegt, und seine allgegenwärtige Allmacht zwingt sie, unbewußt in der von ihm gewollten Ordnung zu sein, sich zu bewegen, zu leben.

Der vernünftigen Kreatur aber, dem Menschen, hat er den Verstand gegeben, um selbst sein göttliches Ordnungsgesetz zu erkennen und mit dem freien Willen die Fähigkeit, in selbständiger Entscheidung das Gottesgesetz zu befolgen. Diese Gottesgaben sind unsere Ehre und unser Glück, denn sie geben unserem Handeln moralischen Wert und Verdienstlichkeit. Sie sind aber auch unsere Gefahr und Erprobung, denn sie geben uns die Möglichkeit, das Auge der Wahrheit zu verschließen und dem Gottesgesetz den Gehorsam zu verweigern, die gottgewollte Ordnung zu stören.

Der Friede ist Ruhe in der Ordnung. Diese Ruhe, der Friede flieht, wenn die Ordnung gestört wird.

Königin des Friedens, bitte für uns! Gib uns Ruhe in der Ordnung. In welcher Ordnung? Für die vernünftige Kreatur, für uns Menschen, kann nur *eine* Ordnung die rechte sein, die Ordnung, die darin besteht, daß alle Menschen ihr Denken, Streben und Handeln bewußt und freiwillig nach dem heiligen Willen Gottes richten. Wenn alle Menschen, wenn alle Völker danach streben, danach trachten, ihr Wollen und Handeln nach dem göttlichen Gesetz, nach Gottes heiligem Willen auszurichten, dann werden alle Einzelwillen eine gemeinsame und gleichlaufende Richtung haben, und in der beständigen Durchführung solchen Willens wird gewährleistet: Ruhe in der Ordnung, das ist Friede.

Darum sangen die Engel bei der Geburt des Herrn: »Friede *den* Menschen, die eines guten Willens sind!« Gut ist der Wille, wenn er übereinstimmt mit dem Willen der ewigen Güte, dem Willen Gottes.

Königin des Friedens, bitte für uns! Lehre uns, zu diesem Frieden zu gelangen! Ja, Maria hat uns diese Lehre gegeben. Sie hat uns ihr Königsgesetz verkündet.

Nur wenige Worte der lieben Muttergottes sind uns überliefert. An zwei derselben möchte ich euch erinnern; die enthalten das Gesetz der Königin des Friedens.

»Siehe, ich bin die Magd des Herrn, mir geschehe nach deinem Wort.« Das war ihre Antwort auf den Gruß des Engels, der ihr verkündete, daß sie die Mutter Gottes werden sollte. Die Magd des Herrn: Gottes Befehl ist das Gesetz ihres Handelns, Gottes Willen anzunehmen, ist der Inhalt ihres Lebens.

»Alles, was *er* euch sagt, das tut.« Dieses Wort, das sie auf der Hochzeit zu Kana zu den Dienern sprach, gilt auch uns: Weil sie die volle Hingabe an Gottes Willen uns lehrt und gebietet, darum ist sie die Königin des Friedens. Denn Friede ist Ruhe in der Ordnung. Ordnung aber ist das Ziel und Werk des Willens Gottes. Königin des Friedens, bitte für uns! Hilf jedem von uns, daß er in seinem Herzen, in seinem Leben, Ordnung schaffe und bewahre, durch volle Unterwerfung und Befolgung des Willens Gottes. Bitte für uns, daß wir in unseren Familien, in unseren Gemeinden durch gemeinsame Erfüllung des göttlichen Willens Ruhe in der Ordnung, wahren Frieden, schaffen und erhalten. Königin der Welt, bitte für uns, daß auch in der Welt, daß unter den Völkern Friede werde, einmütige Anerkennung und Erfüllung des göttlichen Willens!

Vom Inhalt des Rosenkranzgebetes

Das Rosenkranzgebet ist so inhaltreich: Es läßt uns immer wieder die heiligen Worte beten, die Christus selbst im Vaterunser uns zu beten befohlen hat, die kurz alles enthalten, was wir in unseren Lob-, Dank- und Bittgebeten vor Gott aussprechen sollen. Es läßt uns immer wieder den Gruß des Engels an Maria, die allerseligste Jungfrau, wiederholen und die innige Empfehlung in ihren Schutz: »Bitte für uns Sünder jetzt und in der Stunde unseres Todes«. Kann Maria, unsere Mutter, diese Bitte überhören und unerhört lassen, wenn wir sie immer wieder vertrauensvoll für uns und für unsere Lieben, die vielleicht in Gefahr und Todesnot sind, zu ihr hinaufsenden?

Das Rosenkranzgebet ist so inhaltreich: Wenn wir es nach dem Wunsche der heiligen Kirche betrachtend beten, steht bei jedem »Gesetz« ein »Geheimnis« vor unserer Seele, eine Begebenheit

aus dem Leben des menschgewordenen Gottessohnes und seiner heiligen Mutter, das Beweis ist
der Liebe Gottes zu uns und ein Vorbild für
unsere liebende Hingabe an Gott. »Unser höch-
stes Streben sei, das Leben Jesu Christi zu betrachten«, sagt der selige Thomas von Kempen
(Nachf. Chr. I, 1). Die andächtige Betrachtung
der Rosenkranzgeheimnisse ist eine vielerprobte
Schule der Gottes- und Nächstenliebe und damit
eine wirksame Hilfe für die Übung der Nachfolge Christi und im Streben nach christlicher
Vollkommenheit.

Dabei ist das Rosenkranzgebet so leicht zu
verrichten: Nicht nur in der Kirche, sondern
auch zu Hause, ja auch auf einsamen Wegen
oder auch bei mancher körperlichen Arbeit kann
man den Rosenkranz beten. Ohne Buch und
ohne Licht kann es als gemeinsame Haus- und
Familienandacht verrichtet werden. Wenn es wegen der Ermüdung nach der Tagesarbeit oder
wegen der Anwesenheit kleiner Kinder nicht an-
gängig erscheint, beim Abendgebet gemeinsam
einen ganzen Rosenkranz zu beten, so ist auch
die Verrichtung von ein oder zwei Rosenkranz-
gesetzen schon ein in sich abgeschlossenes Gebet.

Als der Heiland der Welt sterbend am Kreuze
hing, hat er seine heilige Mutter dem Lieblings-
jünger Johannes und zugleich auch uns zur Mut-

ter gegeben. Ist es denkbar, daß Maria dieses Abschiedswort ihres göttlichen Sohnes vergessen, ihre mütterliche Sorge uns vorenthalten könnte?! Darum laßt uns in kindlicher Liebe sie verehren durch die tägliche Verrichtung des heiligen Rosenkranzes; laßt uns in kindlichem Vertrauen zu ihr um Hilfe rufen, Tag für Tag, besonders aber in Versuchung, Not und Gefahr. Ein treues Muttergotteskind kann nicht verlorengehen!

Wie man den Rosenkranz beten sollte

Wir wollen den Rosenkranz andächtig beten.

Ihr wißt, daß das Rosenkranzgebet manche Gegner hat, die ihm den Vorwurf machen, es sei nichts weiter als ein seelenloses Hersagen derselben Worte. Aber dieses oftmalige Wiederholen derselben Gebete ist durchaus nicht seelenlos, es ist vielmehr ein ganz urmenschliches Tun. Ruft nicht das Kind monatelang, ja eigentlich lebenslang, immer wieder das eine Wort in Freude und Leid, das Wort »Mutter«? Und sagt uns nicht die Heilige Schrift von den Blinden und Kranken am Wege, sie hätten immer wieder gerufen: »Jesus, Sohn Gottes, erbarme dich unser«? Ja, sogar von den Engeln im Himmel berichtet uns die Geheime Offenbarung, daß sie, ohne ein Ende zu finden, anbetend rufen: »Heilig, heilig, heilig ist der Herr«. Ihr seht also, das oftmalige Wiederholen derselben Worte und desselben Gebetes darf und soll durchaus nicht seelenlos sein.

Beten heißt: vor Gott stehen und fromm zu Gott sprechen. Darum flehen wir auch zu Beginn des Rosenkranzgebetes um die Stärkung der drei göttlichen Tugenden, damit es uns gelinge, den Rosenkranz in Glaube, Hoffnung und Liebe zu beten.

Wir wollen den Rosenkranz betrachtend beten.

Wir betrachten die großen Geheimnisse Gottes, die sich uns in der Menschwerdung seines Sohnes offenbaren. Der heilige Name Jesus bildet den Höhepunkt einer jeden Anrufung. »Es ist uns kein anderer Name gegeben, in dem wir selig werden können.« Von diesem heiligen Namen strahlen alle Geheimnisse Gottes aus, und in ihm erhält die Mutter Jesu alle Würde und Verehrung. In der Betrachtung der einzelnen Geheimnisse des Rosenkranzes lernen wir die Liebe Jesu zu uns Menschenkindern immer besser erkennen, und die andächtige Erwägung dieser Geheimnisse führt uns dahin, daß wir mit dem heiligen Petrus dem Heiland bekennen dürfen: »Herr, du weißt alles, du weißt, daß ich dich liebe« (Joh. 21, 17).

Wir wollen den Rosenkranz der Gottesmutter in inniger Verbindung mit der Gottesmutter beten.

An ihrer Hand gehen wir beim Rosenkranzgebet den Weg, den Christus durch diese Welt gegangen ist. Betrachtend begleiten wir das Jugendleben des Herrn, bis das Wort des zwölfjährigen Sohnes im Tempel zu Jerusalem die Erfüllung des Willens des Vater als seines Lebens Richtschnur offenbart. Der Wille des Vaters sendet den Sohn als den Heiland und Erlöser der Welt auf den Leidensweg, den die Mutter bis unter das Kreuz begleitet. Aber der Leidensweg ist nicht das Ziel des irdischen Lebens unseres Herrn, sondern er ist der Zugang zur ewigen Herrlichkeit des Menschensohnes, an der die Mutter für immer Anteil hat und an der wir alle Anteil haben sollen.

So ist das Rosenkranzgebet eine innige Anteilnahme des gläubigen Christen an dem Leben, dem Leiden und der Verherrlichung Jesu Christi und ein ernster Hinweis, nach dem Beispiel der Gottesmutter den Weg der Nachfolge Christi zu gehen.

DEN MENSCHEN
VERPFLICHTET

Für die Menschen arbeiten

Nicht verbittert der Vergangenheit nachtrauern, nicht tatenlos warten, bis ein erträumtes Zukunftsbild sich verwirklicht, sondern um Gottes willen mit den Menschen, wie sie jetzt einmal sind, für die Menschen, zwischen die uns Gott gestellt hat, selbstlos arbeiten.

Daß wir einander lieben

»Daran sollen alle erkennen, daß ihr meine Jünger seid, wenn ihr einander liebt!« (Joh. 13, 35). Ein Christ, ein Jünger Christi sein, heißt also nicht bloß: regelmäßig zur Kirche gehen und die gewohnten religiösen Übungen verrichten. Das taten auch die Pharisäer. Und doch wollte Jesus nichts von ihnen wissen, weil ihnen die Liebe fehlte. Nein, wir können nicht daran vorbeikommen: Das ist Christi Forderung an uns und das von Christus selbst aufgestellte Kennzeichen seiner Jünger: daß wir einander lieben.

□

Wohl dürfen wir Unterschiede machen in dem Maß unserer Liebe, in dem Erweisen unserer

Liebe. Wir dürfen und sollen an erster Stelle unsere Eltern lieben, der Gatte darf und muß an erster Stelle seine Gattin lieben, die Gattin ihren Gatten, die Eltern ihre Kinder, wir alle dürfen unsere Geschwister, unsere Verwandten, unsere Freunde, unsere Volksgenossen, unsere Glaubensbrüder mehr lieben als andere, die uns nicht so nahestehen. Aber wir dürfen es nicht vergessen: Die christliche Liebe muß alle Menschen umfassen und darf niemanden ausschließen. Auch die Fernsten gehören nach dem Willen Gottes doch noch zu unseren Nächsten, auch die armen Seelen im Fegfeuer, ja sogar unsere Feinde. Auch sie dürfen wir nicht von unserer Liebe ausschließen.

□

Der liebevolle Gedanke ist die Grundlage der Liebe. Ohne liebevolle Gedanken gibt es überhaupt keine echte Liebe. Wo aber liebevolle Gedanken herrschen, wo ein Herz voll Güte für die Mitmenschen schlägt, da ist auch ein liebevoller Mund und eine liebende Hand. Wären wir nur reicher an solchen Gedanken der Liebe, wir wären dann von selbst auch reicher an guten Worten und guten Taten. Wir wären dann nicht so unachtsam und zurückhaltend, wenn sich eine Gelegenheit zu guten Worten oder Taten bietet.

Wenn wir statt mit gleichgültigen, selbstsüchtigen Gedanken am Morgen mit Gedanken der Liebe und Güte in den Tag hineingingen, dann würden wir nicht nur uns selber froh machen, sondern nicht weniger auch die Menschen um uns; dann würden wir es gewiß nie unterlassen, unsere Angehörigen und Hausgenossen mit einem freundlichen Wort zu begrüßen, dann würden wir uns bemühen, die eigene Reizbarkeit und Nervosität zu unterdrücken, dann würden wir es nicht versäumen, hier auf eine Empfindlichkeit, dort auf einen Herzenswunsch mehr Rücksicht zu nehmen. Liebevolle Gedanken bringen Liebe und Freude unter die Menschen. Es bleibt unseren Mitmenschen nicht verborgen, wenn solche Gedanken uns beseelen. Wenn sie echt sind, drängen sie ja dazu, sich in unserem Benehmen, in Worten und Taten kundzugeben.

□

Wo das Herz voll gütiger Gedanken ist, da wird es an guten Worten nicht fehlen. »Ein freundliches Wort erquickt den Menschen«, so heißt es im Buch der Sprichwörter (12, 25), und wiederum lesen wir dort: »Wie ein goldener Apfel auf silberner Schale, so ist ein gutes Wort zur rechten Zeit« (25, 11). Ja, ein schlichtes Wort der Liebe kann manchmal genügen, um ein anscheinend unentwirrbares Mißverständnis aufzulösen, kann genügen, um langjährigen Gegnern die heimlich längst ersehnte Versöhnung zu bringen; ein gutes Wort genügt oft, um eine Verstimmung zu beheben, eine Abneigung zu zerstreuen, ein Menschenherz, selbst ein vergrämtes und verdüstertes, mit Freude zu erfüllen. Wahrhaftig, viele Dinge werden von uns getan, die tausendmal mehr Mühe machen und doch nicht halb soviel Segen bringen wie ein einziges herzliches Wort!

Und andererseits: Wieviel Unheil kann ein liebloses Wort anrichten! Wir brauchen dabei nicht einmal zu denken an solche Worte, die dem Nächsten ins Angesicht geschleudert werden, um ihn zu kränken und zu verletzen. Nein, wir brauchen nur zu denken an das soviel verbreitete Reden über die Fehler Abwesender. Wie eine Krankheit ist das in manchen Menschen, daß sie sich gedrängt fühlen, von fremden Fehlern zu reden. Stundenlang können Frauen beieinander sitzen und ihre Nachbarinnen und ihre sogenannten Freundinnen durchhecheln, und der Faden des Gesprächs will nicht zu Ende gehen. Stundenlang können auch Männer beieinander sein und über Vorgesetzte und Berufsgenossen nörgeln und kritisieren und räsonieren. Was wird damit erreicht? Noch nie ist dadurch irgend etwas oder irgend jemand besser geworden, wohl aber schlechter. Schlechter wird vor allem der Tadler und Nörgler selbst. Jedes seiner Worte ist wie Staub, unter dessen wachsender Schicht die Liebe allmählich immer mehr erstickt. Schlechter und liebloser werden auch die, die solchen Reden lauschen. Und wenn, wie es ja nicht selten vorkommt, auch der Getadelte selbst nachträglich davon erfährt, dann wird auch er noch selbst erbittert und lieblos werden. Wie werden solche lieblosen Schwätzer einmal vor Gott bestehen können? Wenn wir einmal sterben und vor Gottes Richterstuhl erscheinen müssen, mit all unseren Sünden, Schwächen und Gebrechen, wie werden wir dann wünschen, daß Gott von all dem schweigen möchte. Aber er wird reden und urteilen, wenn wir es auf Erden nicht haben über uns bringen können, die lieblose Kritik über unseren Nächsten zu unterdrücken. Und umgekehrt: Wenn wir geschwiegen haben, wird auch Gott dann schweigen. Wie sagt der Heiland: »Richtet nicht, damit ihr nicht gerichtet werdet ... Mit dem Maß, mit dem ihr meßt, wird auch euch gemessen werden« (Matth. 7, 1, 2). Wenn wir statt vom Schlechten gern vom Guten an unseren Mitmenschen geredet haben, dann wird in jener Stunde auch Gott von dem

Guten in unserer Seele — und mag es auch recht wenig und armselig sein — gern reden!

□

So wichtig es ist, daß wir Gedanken der Liebe im Herzen hegen und daß wir diese liebevollen Gedanken in Worten äußern, so darf es doch damit nicht sein Bewenden haben. Die wahre Liebe gibt sich nicht zufrieden mit schönen Worten; wahre Liebe will sich, wie jede echte Kraft, in Taten bewähren; echte Liebe hat in sich den Drang zum Helfen, Heilen, Dienen, Schenken, Freudemachen.

Gibt es nicht immer wieder soviel ungestillten Hunger, soviel frierende Blöße, soviel unter schwerer Arbeitslast sich aufreibende Kraft, soviel absterbende Gesundheit, soviel sorgenerdrücktes vereinsamtes Alter, soviel bittere Tränen? Und alle diese Not schreit nach Hilfe, nach Liebe!

Da denkt vielleicht jemand: Ich weiß wirklich nicht, wo und wie ich meine Nächstenliebe praktisch betätigen soll; das bißchen Gutes, das ich vielleicht einmal einem Mitmenschen tun kann, fällt ja gar nicht ins Gewicht; es ist nur wie ein Tropfen Wasser auf einem heißen Stein. Wohl ist es wahr, daß der einzelne nicht überall helfen kann; aber ebenso wahr ist es, daß auch der einzelne bei gutem Willen in manchen Fällen wirksam helfen kann; und wenn jeder Christ den Grundsatz hätte und befolgte, dort zu helfen, wo es ihm bei gutem Willen möglich ist, wieviel Not würde dann gelindert, wie viele Tränen würden dadurch getrocknet werden! Und sollte jemand so arm sein, daß er nicht mit materiellen Mitteln helfen kann: So arm ist niemand, daß er nicht täglich durch eine taktvolle Rücksichtnahme, durch eine freundliche Aufmerksamkeit, durch einen kleinen Dienst oder zum mindesten durch ein fürbittendes Gebet dem Nächsten Gutes tun und Freude spenden könnte.

□

»Daran sollen alle erkennen, daß ihr meine Jünger seid, wenn ihr einander liebt.« Die persönliche Ausübung der Nächstenliebe ist die vom Herrn selbst bestimmte »Kennkarte« des Jüngers Christi in der Welt und sein Ausweis für den Tag des Jüngsten Gerichts (Matth. 25, 34 bis 46); sie ist die Uniform des Streiters Christi und eine Waffe, um jeden Widerstand zu überwinden. Wenn wir Christen alle durch das Apostolat der werbenden, opfernden, tatfrohen, unverdrossenen, unbeirrbaren Liebe uns als Jünger Christi ausweisen und täglich für Christus Zeugnis ablegen würden, zu Hause und in der Ferne, vor unseren Familienmitgliedern und Hausgenossen wie auf der Arbeitsstätte und im Verkehr mit Fremden — wahrhaftig, es würde uns gelingen, die gottentfremdete Welt zu Christus zu führen, für Christus zu erobern.

Gottes Liebe hinaustragen in die Welt

Nächstenliebe üben bedeutet die Liebe Gottes im Herzen tragen und sie hinaustragen in die Welt. Deshalb sorget, daß die Menschen in der Kirche die Gemeinschaft Christi sehen. Sie sollen Gottes Geist spüren in seinen Kindern und in der Pfarrgemeinde die Familie Gottes erleben. Erfüllet das Wort des Heilandes: »Lasset euer Licht leuchten vor den Menschen, damit sie euere guten Werke sehen und den Vater preisen, der im Himmel ist« (Matth. 5, 16).

Soviel Freude machen, wie irgend möglich

Wie schön wäre es, wenn alle Christen den Grundsatz hätten und befolgten: Wir wollen einander soviel Freude machen, wie irgend möglich! Ja, je freudeleerer heute die Welt ist, je dunkler die Wolkenschatten sind, die über ihr schweben, desto mehr sollten gerade wir Christen, die wir im Zeichen des Evangeliums, der »Frohbotschaft«, stehen, desto mehr sollten wir uns bemühen, überall Licht und Freude zu verbreiten. Es braucht dazu keineswegs großen Aufwandes und vieler Kosten, nein, meistens bedarf es nur einer Kleinigkeit: Es genügt guter Wille und ein wenig Aufmerksamkeit auf die Gelegenheiten; es genügt vielleicht ein einfacher Handgriff, ein kleiner Gang, den wir dem Nächsten abnehmen, ein kurzer Besuch am Krankenbett, ein paar Blumen, die wir mitbringen, ein schönes Buch, das wir dem Nächsten leihen, ein Brief, der ihm zeigt, daß wir seiner nicht vergessen, ja manchmal genügt schon eine fröhliche Miene und ein frohes Wort, um einem geplagten Menschenkind ein wenig Freude ins Herz zu bringen.

Wie schön wäre es, wenn dieser Grundsatz vor allem in unseren Familien herrschen würde: Wir wollen einander soviel Freude machen, wie irgend möglich — wir Eheleute uns gegenseitig, wir Kinder den Eltern, wir Geschwister untereinander! Und wenn auch das eine oder andere Glied der Familie, sei es der Vater oder die Mutter, der Sohn oder die Tochter, von Natur oder aus manchem schmerzlichen Erleben »schwierig«

ist: Geduldige, beharrliche, selbstlose, erfinderische Liebe, die das Wort des Apostels wahr macht: »Einer trage des anderen Last; so erfüllt ihr das Gebot Christi« (Gal. 6, 2), eine solche Liebe öffnet schließlich alle Türen, auch die, bei denen Schloß und Angel eingerostet sind. Eine Familie, in der der Grundsatz herrscht: »Wir wollen einander soviel Freude machen, wie irgend möglich«, eine solche Familie wird nicht nur selbst das Glück des Friedens verkosten, sie wird auch eine Quelle des Segens werden für die nähere und weitere Umgebung.

Kein Christsein ohne Bruderliebe

Wer dem Opfer für andere aus dem Weg geht, der kann unmöglich ein Jünger Jesu Christi sein und teilhaben an seiner Erlösungsgnade und Erlösungskraft. In die lebendige Gliedschaft mit Christus ist nur der aufgenommen, der mitleidet mit ihm, mitleidet auch mit der Not des Nächsten. Wahr und echt ist unser Christsein erst dann, wenn unsere Gottesliebe und unsere Frömmigkeit ausgereift sind zur Bruderliebe.

Christus spricht eine klare Sprache: »Ein neues Gebot gebe ich euch: Liebet einander!« (Joh. 13, 34); »Dies befehle ich euch, daß ihr einander liebet« (Joh. 15, 17); »Ein Beispiel habe ich euch gegeben, damit auch ihr tut, wie ich an euch getan habe« (Joh. 13, 15).

Wir vernehmen die Verheißung des Herrn: »Bittet, und ihr werdet empfangen!«, und vertrauensvoll erwarten wir deshalb von Gottes Güte Hilfe in unseren Nöten. Wird uns aber Gott diese Hilfe gewähren, wenn wir nicht auch unsern notleidenden Brüdern und Schwestern gern und opferwillig helfen? Jeden Dienst, den wir unseren hilfsbedürftigen Mitmenschen erweisen, will Gott so ansehen, als wäre er ihm selbst erwiesen. Muß es uns da nicht mit heiligem Eifer drängen, unsere Dienstbereitschaft Gott gegenüber dadurch zu bewähren, daß wir unsere Person und unseren Besitz in den Dienst der Nächstenliebe stellen?

Christus in den Armen dienen

Ich übernehme nicht eine neue Verpflichtung, wenn ich euch verspreche, alles Einkommen meines Amtes, das nicht zur würdigen Wahrung der mir auferlegten Amtspflichten erforderlich ist, zur Unterstützung Notleidender und zur Förderung des Reiches Gottes auf Erden zu verwenden ... Ich verdanke es dem Beispiel und

der Erziehung meiner lieben seligen Eltern, wenn
es mir nie schwer geworden ist, auf überflüssi-
gen Luxus und weichliches Wohlleben zu ver-
zichten ... Alles, was überflüssiger Luxus ist,
was den Charakter weichlichen Wohllebens an
sich hat, soll der Haushaltung und dem Leben
der Priester, soll auch meiner Haushaltung und
meinem Leben fernbleiben, damit wir um so
reichlicher mit dem hierdurch etwa Erübrigten
Christus in den Armen dienen können.

Eigentum — ein Gotteslehen

Gott der Herr hat uns den Besitz gegeben
nicht so sehr als Eigentum denn als Aufgabe und
Erprobung unserer Mildtätigkeit. Alles, was wir
besitzen, ist sozusagen nur ein Gotteslehen, über
dessen Verwaltung wir einstens einmal ernste
Rechenschaft ablegen müssen. Wie beglückend ist
das Bewußtsein, in dem Almosen, das in rechter
Gesinnung gespendet wird, Gott selbst ein Opfer
darzubringen und so seines besonderen Segens
sicher zu sein. Ruft ja bereits das Buch der
Sprichwörter uns das ermutigende Wort zu:
»Wer sich des Armen erbarmet, der leiht auf
Wucher dem Herrn; er wird ihm hinwiederum
vergelten!« (Sprichw. 19, 17).

74

Feindesliebe ist nicht leicht

Unser göttlicher Lehrmeister ruft uns in der Bergpredigt zu: »Ihr habt gehört, daß gesagt wurde: Du sollst deinen Nächsten lieben, deinen Feind aber magst du hassen. Ich aber sage euch: Liebet eure Feinde, tut Gutes denen, die euch hassen, und betet für die, die euch verfolgen und verleumden, auf daß ihr Kinder eures Vaters seid, der im Himmel ist. Er läßt seine Sonne aufgehen über Gute und Schlechte, und er läßt es regnen über Gerechte und Sünder. Wenn ihr nur die liebt, die euch lieben, welchen Lohn könnt ihr dann beanspruchen?« (Matth. 5, 43 ff.).

Gewiß, die Feindesliebe ist nicht leicht. Sie widerstrebt dem rein natürlichen Menschen, der sich nur von seinen Gefühlen leiten läßt. Wir aber, die wir vom Glauben erleuchtet sind und in die Schule des heiligsten Herzens Jesu gehen, wir wissen: Auch der, der Böses tut, ist und bleibt unser Bruder. Wir kennen die Worte des Apostels: »Wer seinen Bruder haßt, der wandelt in der Finsternis« (1. Joh 2, 11) und »Wer seinen Bruder haßt, der ist ein Mörder« (1. Joh. 3, 15). Wir wissen, daß Christus sterbend am Kreuze für seine Feinde gebetet hat: »Vater, verzeih ihnen, denn sie wissen nicht, was sie tun« (Luk.

23, 34). Wir wissen, daß das glücklichste und Gott wohlgefälligste Geben das Vergeben ist. Wir wissen, daß wir alle auf Gottes gnädige Vergebung angewiesen sind und daß wir nur dann mit Aussicht auf Erhörung beten können: »Vergib uns unsere Schuld«, wenn wir ehrlich hinzufügen dürfen: »wie auch wir vergeben unseren Schuldigern« (Matth. 6, 12).

So laßt uns denn Ernst machen auch mit diesem schwersten Teil des Gebotes der Nächstenliebe. Laßt uns, eingedenk unserer eigenen Armseligkeit vor Gott, immer bereit sein, Kränkungen unserer Mitmenschen geduldig zu ertragen und ihnen aufrichtig die Hand zur Versöhnung zu reichen. Laßt uns, nach der Mahnung des Apostels: »Die Sonne soll nicht untergehen über eurem Zorn« (Eph. 4, 16), keinen Abend zur Ruhe gehen, ohne daß wir zuvor alle Abneigung, allen Groll, allen Haß und alle Rachsucht aus unseren Herzen verbannt und statt dessen ein Gebet für unsere Gegner zum Himmel gesandt haben.

Für die Sünder beten

Den Sündern zu helfen, sie zurückzuführen, für sie zu beten und zu opfern, die Irrenden in

Geduld und Liebe zur Wahrheit zu führen, soll mein ständiges Bemühen sein.

Nicht richten, aber auch nicht gleichgültig sein

Es ist nicht unsere Sache, über die persönliche Schuld unserer Mitmenschen zu richten. Wir dürfen und wollen die persönliche Hochachtung und Ehre niemand versagen, der ehrlich nach der Wahrheit verlangt und gewissenhaft nach der eigenen Überzeugung sein Leben und Handeln gestaltet. Und Gott selbst wird den schuldlos Irrenden nicht verdammen, der ehrlich nach der Wahrheit strebt und in Treue den Geboten des eigenen Gewissens folgt.

Aber diese Zuversicht und die pflichtmäßige Achtung vor der Person des vielleicht schuldlos Irrenden darf nicht umschlagen in eine Achtung des von der göttlichen Offenbarung abweichenden Irrtums; darf uns nicht gleichgültig machen gegenüber dem Unglück so vieler Mitmenschen, die im Dunkel des Unglaubens, im Schatten des Irrglaubens wandelnd des vollen Lichtes der Wahrheit entbehren, die der Sohn Gottes der Menschheit gebracht und seiner Kirche anvertraut hat. Wer darum weiß und Christus wahrhaft liebt, dem kann es nicht gleichgültig sein, ob seine Kinder und Hausgenossen eine volle und feste Ausbildung in den christlichen Wahrheiten erhalten; dem muß es tief schmerzlich sein, wenn er erfährt, daß Angehörige, Nachbarn, Arbeitsgenossen der christlichen Wahrheit interesselos oder sogar ablehnend und feindselig gegenüberstehen. Ja, der fühlt in sich die Aufgabe und Pflicht, das Licht der Wahrheit nicht nur für sich selbst zu hüten, sondern es auch aufleuchten zu lassen vor allen, die uns nahekommen, damit auch sie zum Glück gelangen, im Lichte zu wandeln.

Unser Leben muß Beispiel sein

Möge unser echt christliches Leben und unser Beispiel auch jene unserer Mitbürger und Heimatgenossen, welche unverschuldet im Irrtum oder gar im Unglauben wandeln, zur Fülle der Wahrheit und Gnade führen, die wir durch Gottes Barmherzigkeit besitzen.

Wir brauchen fromme, tüchtige Priester

Wir alle bedürfen auf der Pilgerreise dieses Lebens der religiösen Tröstung und Stärkung.

Wie Gott sich nun der Eltern bedient, um seinen Schöpfersegen im natürlichen Leben weiterzuleiten, so sollen die Priester in seiner Sendung und Gewalt den Segen der Gnade und des übernatürlichen Lebens vermitteln. Darum hängt das Wachsen und Blühen des religiösen Lebens nicht zuletzt davon ab, daß Priester, und zwar fromme, tüchtige Priester in genügender Zahl vorhanden sind.

Die Jugend zu Christus führen

»Wer immer für die Seinigen, zumal für seine Hausgenossen, nicht Sorge trägt, der verleugnet den Glauben und ist schlimmer als ein Glaubensloser« (1. Tim. 5, 8). Es ist ja klar: Ein Glaubensloser mag ohne eigene Schuld dem Glauben fernstehen. Das wird schlimm für ihn sein; aber noch schlimmer ist es, wenn jemand zwar zum christlichen Glauben sich bekennt, aber ihn so wenig hochschätzt, daß er nicht das Seinige tut, damit die seiner Obhut Anvertrauten ihn kennenlernen und nach ihm leben. Durch solche Nachlässigkeit und Nichtachtung des Glaubens verleugnet er in der Tat den Glauben, den er in Worten bekennt...
Wenn wir nicht alles tun, um durch Belehrung

und Beispiel die Jugend zu Christus zu führen, wenn es uns nicht gelingt, ihr die frohe Botschaft des Evangeliums als kostbarstes Erbe zu übermachen und als froh erkannte und befolgte Lebensnorm einzuprägen, dann müssen wir fürchten, einer Zeit entgegenzugehen, in der euren Nachkommen die Sonne der göttlichen Wahrheit nicht mehr leuchtet, in der das zu wahren Großtaten entflammende Feuer der Gottes- und Nächstenliebe in deutschen Landen erloschen ist.

WOLLEN, WAS GOTT WILL

Das einzige, was sich lohnt

Ich finde, mit der Zeit wird es einem doch immer mehr bewußt, ein wie unwichtiges Atömchen in der Welt und für fast alle Mitmenschen der einzelne ist; man staunt nur, daß der liebe Gott einem soviel Aufmerksamkeit und liebevolle Sorgfalt zuwendet. Darum ist auch sein Dienst und was man um seinetwillen tut, das einzige, was sich der Mühe lohnt. Und unter dieser Rücksicht soll uns nichts zu schwer sein.

Mit Gott das Leben gestalten

Das ist unser Vorzug und unsere Würde vor der gesamten vernunftlosen Natur, daß wir von Gott, unserem Schöpfer, Erhalter und Vollender, wissen und daß es unsere Aufgabe und frei zu erfüllende Pflicht ist, in bewußter Gemeinschaft mit dem großen Gott unser Leben zu gestalten. Jedes Besitzstück, das uns gehört, jedes Eigentum, das wir ererbt oder erworben haben, erfüllt dadurch seinen Zweck und seine Bestimmung, daß es uns nach seiner Art dient, daß es, unserem Willen unterworfen, uns Nahrung oder Schutz, Nutzen oder auch Freude bereitet. Als Gottes Eigentum sind wir bestimmt und verpflichtet, ihm zu dienen, und somit als vernünftige und mit freiem Willen begabte Wesen berufen, in bewußter Anerkennung der göttlichen Oberhoheit unser Wollen nach Gottes heiligem Willen zu gestalten. Wollen, was Gott will: Höheres kann es nicht geben für den geschaffenen Willen.

Gottes heiliger Wille tritt uns klar erkennbar entgegen in seinen heiligen Geboten. Ihre vollkommene Erfüllung durch alle Menschen würde auch dem irdischen Leben des Menschengeschlechtes die größtmögliche Ruhe und Sicherheit gewährleisten. Aber nicht diese Erwägung soll an erster Stelle uns bestimmen, die göttlichen Gebote treu zu halten, sondern der alles entscheidende Grund für unsere Treue in Beobachtung der göttlichen Gebote ist die Erkenntnis, daß sie Offenbarung und Ausdruck dessen sind, was Gott unser Herr von uns will.

Liebe fordert Gegenliebe

Erschienen ist die »übergroße Liebe Gottes zu uns Menschen« (Eph. 2, 4). Die Liebe wird sichtbar in Geschenken, und je mehr der Geber in der Gabe vom Eigenen darbietet, um so größer ist der Erweis der Liebe. Übergroße, ja göttliche Liebe wurde offenbar, als Gottes eingeborener

Sohn Mensch wurde und sich selbst uns schenkte. »Also hat Gott die Welt geliebt, daß er seinen einzigen Sohn gab, damit jeder, der an ihn glaubt, nicht verloren gehe, sondern ewiges Leben habe« (Joh. 3, 16).

Wenn wir es doch alle erkennen wollten, was offenbar geworden ist in der Heiligen Nacht! Gott selbst schenkte sich uns!

Damit er aber immer bei uns bleibe, schenkt er sich uns immer wieder, schenkt uns seine mit der Gottheit untrennbar verbundene Menschheit, sein Fleisch und Blut, unter der Gestalt von Brot und Wein.

Liebe fordert Gegenliebe! Die »übergroße Gabe Gottes« drängt zu großer Gegengabe! Ihm wollen wir uns schenken, ganz und rückhaltlos! Ihm sei zu eigen unser Verstand, den wir in demütigem Glauben der Wahrheit Gottes unterwerfen! Ihm sei zu eigen unser Wille, durch den wir Gottes Gebot erfüllen, Gottes Schickung annehmen und Leid als Gottes Liebe in Starkmut tragen! »Wir wissen ja, daß denen, die Gott lieben, alles zum besten gereicht« (Röm. 8, 28).

Alles zur Ehre Gottes

»Ihr möget essen oder trinken oder sonst etwas tun — tut alles zur Ehre Gottes!« (1. Kor. 10, 31). Nichts darf ausgenommen werden von dieser Regel: Der Geist Gottes, der Geist der Heiligkeit soll herrschen in unserem Seelenleben, in unserem Sinnenleben, in unserem Familienleben, in unserem Berufsleben, in unserem Gemeinschaftsleben. Die Fülle der Heiligkeit soll überströmen von uns auf alle, die uns nahen, auf die wir Einfluß haben. So werden wir Keime und Zeugen der Neuschöpfung durch den heiligen Schöpfergeist; so wird immer mehr das Antlitz der Erde erneuert vor Gottes Augen.

Die Wegrichtung

Für Christus leben, der für uns gestorben ist, das ist die Wegrichtung für das Leben des katholischen Menschen, gleichzeitig auch sein bester Dank für die ihm zuteil gewordene Gnade der Erlösung.

◻

Wir sind uns über Ursprung, Zweck und Ziel des Lebens völlig eins, und daß der Weg treue

Pflichterfüllung heißt, ganz gleich, an welchem Platz. Die kleinen Nebenumstände wollen wir ruhig dem lieben Gott überlassen, ohne uns zu sorgen um den morgigen Tag.

□

Daß Gebet und treue Pflichterfüllung für das Ende der Not nicht weniger, eher mehr wichtig ist als kämpfen und arbeiten, müßte eigentlich jedem von uns immer mehr klar werden.

In Gottes Willen fügen

Der Gedanke, daß alles im Leben von Gott liebevoll angeordnet wird, gibt einem eine ganz wunderbare Kraft, wie ich schon sehr oft selbst erfahren habe, besonders wenn man irgend etwas Unangenehmes kommen sieht. Wenn man denkt: Lieber Heiland, du weißt, daß ich wünsche, daß dies nicht geschieht oder daß dies so oder so geschieht, bitte richte es so ein; aber wenn du siehst, daß es anders besser ist, so will ich auch mit deiner Anordnung zufrieden sein, und ich bitte dich nur um die Gnade, es dann zu deiner Ehre geduldig zu ertragen, so wird alles viel leichter. Das ist ja das Gebet der lieben

Muttergottes: »Ecce ancilla Domini, fiat mihi secundum verbum tuum« (Siehe, ich bin die Magd des Herrn, mir geschehe nach deinem Wort) und des lieben Heilandes selbst: »Vater, wenn es möglich ist, laß diesen Kelch an mir vorübergehen, aber nicht mein, sondern dein Wille geschehe.« Das hilft einem ganz wunderbar in allen größeren und kleineren Schwierigkeiten, und wenn man auch natürlich den Wunsch behält, daß der eigene Wille geschehe, so ärgert man sich wenigstens nicht, wenn es anders kommt.

□

Jedenfalls wollen wir tüchtig beten, daß wir deutlich Gottes Willen erkennen und mutig durchführen.

□

Je demütiger und selbstloser wir auf eigene Wünsche verzichtend uns Gottes Willen unterwerfen, desto mehr dürfen wir ja hoffen, Gottes Werkzeuge zu sein.

All unser Wirken muß geadelt werden

Das ganze übernatürliche Leben, alle Gnaden, die wir empfangen und durch die allein wir Gott wohlgefällig und in guten Werken fruchtbar sein können, haben ihren Ursprung in dem vollkommenen Gehorsam, in der Anbetung und Sühne, welche Christus durch seinen Opfertod der göttlichen Majestät darbringt. Und daher auch umgekehrt: All unser Beten und Arbeiten, unser Wirken und Leiden hat vor Gott nur Wert, wenn es befruchtet und geadelt ist durch die gnadenvolle Verbindung mit der unendlich großen und einzig Gottes würdigen Hingabe Christi an den Dienst und die Verherrlichung Gottes.

Menschenwürde setzt Verantwortung voraus

Daß schlechtes Tun den Menschen innerlich schlecht und strafwürdig macht, daß gutes Handeln den Menschen innerlich veredelt und der Ehre und Belohnung würdig macht, daß es Sünde gibt und Unrecht, das Sühne verlangt, daß es eine gerechte Vergeltung nach dem Tode gibt, ist das gemeinsame Bewußtsein des Menschengeschlechtes. In dem Bewußtsein der persönlichen Verantwortung für die eigene sittliche Haltung gründet die Würde der Menschenpersönlichkeit. Wer das leugnet, entkleidet den Menschen seiner Würde als freie Persönlichkeit und macht ihn, wie die Hl. Schrift sagt, »dem Roß und Maultier gleich, die keinen Verstand haben und die nur durch Zaum und Peitsche zu bändigen sind« (Ps. 31, 9).

Die Erde ist kein Paradies mehr

Könnt ihr es hindern oder auch nur leugnen, daß in diesem Erdenleben Mühe und Not und Jammer und Schmerz und schließlich der Tod unser Anteil ist? Wer kann diese Tatsachen leugnen und vergessen? Wer kann sie erklären, wenn er die Schuld leugnet und die Sünde, »durch die der Tod in die Welt gekommen ist« mit all seinen Vorboten und Grausamkeiten? Wer kann die Unordnung im Innern des Menschen erklären, die bösen Triebe im Menschenherzen, die Ausbrüche und Verbrechen unbeherrschter Leidenschaften, wenn es keine Erbsünde gibt . . . ? Die Wahrheit kann nicht ausgelöscht werden, daß die Erde nicht mehr ein Paradies für den Menschen ist, daß sie ihm Dornen und Disteln trägt, daß Schweiß und Tränen zum Menschenlos gehören und daß nur jener es meistert, der in harter Selbstzucht dem Genuß zu entsagen weiß, der im Geiste der Buße starkmütig das Leiden erträgt, dem alle Lebensenttäuschungen nicht die letzte Hoffnung nehmen, die Hoffnung auf das Himmelreich. Nur wer diese Tatsachen kennt und anerkennt, der kennt auch wahre, echte, menschenwürdige Lebensfreude!

Notwendige Selbstzucht

Starkmütiges Leiden, tapfere Selbstüberwindung, freiwilliger Verzicht auf erlaubten Genuß sind nicht Schwachheit und Knechtseligkeit, sondern vernünftige Selbsterziehung, notwendige Selbstzucht, christliche Selbstbeherrschung, Prüfstein und Bewährung in der Nachfolge Christi des Gekreuzigten. »Wir müssen ja mit ihm leiden, um mit ihm auch verherrlicht zu werden« (Röm. 8, 17).

»Damit ich nicht verworfen werde«

Ich will acht haben auf mich, daß ich alle Schwächen und Fehler, die mir anhaften, bekämpfe, daß ich in Gebet und Abtötung mich übe und befähige, »ein Vorbild der mir anver-

91

trauten Herde zu werden« (1. Petr. 5, 3) …
Deshalb will ich ein bescheidenes, arbeitsames
Leben führen, »damit ich, nachdem ich anderen
gepredigt habe, nicht selbst verworfen werde«
(1. Kor. 9, 27).

Das Versagen der Christen — ein Ärgernis

»Wandelt als Kinder des Lichtes«, sagt der
heilige Paulus; »die Frucht des Lichtes zeigt sich
in lauterer Güte, Rechtschaffenheit, Wahrhaftigkeit« (Eph. 5, 9). Wo es bei uns Christen an
Güte, Rechtschaffenheit, Wahrhaftigkeit fehlt, da
versagt die Leuchtkraft des Lichtes, das wir durch
Gottes Güte besitzen, das von uns auf andere
ausstrahlen soll. Wie kann ein Licht leuchten,
wenn sein Strahl durch Verdunkelung oder Ver-
schmutzung des Leuchtkörpers abgeblendet, auf-
gehalten, zurückgehalten wird? Wie könnte das
uns geschenkte Licht der Wahrheit andere zur
Wahrheit führen, wenn wir unser Licht in feiger
Menschenfurcht »unter den Scheffel stellen«
(Matth. 5, 19), d. h. unsern Glauben an Christus
und seine Offenbarung ängstlich vor anderen ver-
bergen oder sogar durch ein sündhaftes Leben
vor anderen Christus und seiner heiligen Kirche
Schande machen? Schon der heilige Paulus mußte

über solche Klage führen, »die zwar vorgeben, Gott zu kennen, ihn aber durch ihre Werke verleugnen« (Tit. 1, 16). Die Untreue der Christen, ihr Versagen in »lauterer Güte, Rechtschaffenheit, Wahrhaftigkeit« war leider immer wieder durch die Jahrhunderte ein Ärgernis für die Gläubigen, ein Anlaß zum Abfall für die Schwankenden und für die der Kirche Fernstehenden eine Scheidewand und ein Hindernis, das Licht der Wahrheit zu erkennen. »Wehe der Welt um der Ärgernisse willen« (Matth. 18, 7). Die Treue aber der Christen bis zum Martyrium, ihr fleckenloser »Wandel als Kinder des Lichtes« hat einst in den ersten Zeiten der Kirche jene in immer größeren Scharen zum Licht der Wahrheit geführt, die bis dahin »in Finsternis und im Todesschatten des Heidentums« (Luk. 1, 79) saßen. Dürfen wir nicht hoffen, daß unser tapferes Bekenntnis des Glaubens, unsere Treue in Erfüllung der Pflichten eines ganz christlichen Lebens in »Güte, Rechtschaffenheit und Wahrhaftigkeit« auch der heutigen Welt, unseren Zeitgenossen, Arbeitsgenossen, Hausgenossen, unserem deutschen Volk das volle Licht der göttlichen Wahrheit aufleuchten lassen und alle, die guten Willens sind, zu Christus, dem Licht der Welt, führen würde?

Nur nicht mutlos werden

Man muß nur nicht mutlos werden, wenn man auch oft und oft fällt; denn wir sind ja nun mal gebrechliche Menschen; und wenn uns unsere Schwäche so jeden Tag wieder zum Bewußtsein kommt, werden wir demütig, vertrauen immer weniger uns selbst und immer mehr der göttlichen Gnade.

Als Christ das Leben meistern

Wahrhaftig, wenn irgend jemand geeignet und gerüstet ist, in froher Tatkraft, in unüberwindlichem Optimismus das Leben anzugreifen und zu meistern, dann sind es die echten Christen, die unbewegt von Menschenfurcht und Menschenlob in Nüchternheit, Gerechtigkeit und Frömmigkeit zu leben verstehen!

□

Kinder Gottes sollen immer fröhlich sein!

TAPFER IN NOT
UND BEDRÄNGNIS

Er vergißt keinen

Welcher Trost ist es, in allem Leid sich so geborgen zu wissen in der Leitung der allmächtigen, allweisen und allgütigen Vaterhand und einer unendlichen Liebe, die keinen vergißt und für jeden sorgt, als wäre es der einzige, für den sie zu sorgen hätte.

Wenn Ölbergstunden kommen . . .

Denkt nicht, daß ihr von Gott vergessen oder verlassen seid, wenn Sorge und Bedrängnis, wenn Mangel, Trübsal und bittere Not über uns kommen sollten. Murret nicht, indem ihr sprecht: Womit habe ich solch bitteres Los verdient? Da wir Gott angehören, da wir mit Christus teilhaben sollen an der übernatürlichen Gotteskindschaft und dem Erbrecht des Himmels, wollen wir uns nicht darüber verwundern oder gar beklagen, wenn wir hier auf Erden an seinem Los teilhaben. »Gott hat seines eingeborenen Sohnes nicht geschont« (Röm. 8, 32). Wenn über uns Ölbergstunden kommen sollten, gleich jenen, die unserem Heiland blutige Schweißtropfen erpreßten und ihn beten ließen: »Vater, wenn es möglich ist, laß diesen Leidenskelch an mir vorüber-

gehen«, so wollen wir doch in tapferer Nachahmung des göttlichen Vorbildes mit Jesus sprechen: »Aber nicht mein, sondern dein Wille geschehe«. Der gläubige Aufblick zum Kreuze
Christi, der innige Anschluß an Maria, die
schmerzhafte Mutter, möge jedem von uns An-
sporn sein und die Kraft geben, in Stunden des
Leides und der Trübsal ganz ernst zu machen
mit dem Bekenntnis: »Dein wollen wir sein«.

Ja, wenn es uns ernst ist mit diesem Bekenntnis, dann muß es unser Wille und unser Bestreben sein, nicht nur durch Geduld und Ergebung
im von Gott geschickten Leid unseren Willen
dem göttlichen Willen zu unterwerfen; dann
müssen wir gewillt und bestrebt sein, als Glieder des unschuldig leidenden Heilandes gleich
ihm freiwillig durch Verzicht und Selbstverleug-
nung Sühne zu leisten für die »unzähligen Sünden, Beleidigungen und Nachlässigkeiten«, mit
denen Gottes unendliche Majestät täglich belei-
digt wird. Der Verzicht auf an sich erlaubte
Genüsse und Bequemlichkeiten, die freiwillige
Annahme von Einschränkungen und mühevoller
Arbeit im Dienste der Nächstenliebe seien Beweis
und Bewährung der Gemeinschaft, in der wir mit
dem kreuztragenden Heilande stehen.

Gott gebe allen die Gnade, tapfer in Ver-
einigung mit dem Heiland das Leid zu tragen.
So können wir alle Verluste in übernatürliche
Werte umwandeln; und werden uns dann ewig
darüber freuen.

Zeichen der Auserwählung

»In der Welt werdet ihr Verfolgung leiden.
Aber vertrauet: Ich habe die Welt überwunden.«
Wir wollen uns nicht beklagen, wenn an uns
diese Verheißung des Herrn in Erfüllung geht.
»Wenn ihr von der Welt wäret, würde die Welt
das Ihrige lieben. Weil ihr nicht von der Welt
seid, sondern ich euch von der Welt erwählt habe, darum haßt euch die Welt.« Müssen wir daher nicht diesen Haß betrachten als Zeichen und
Unterpfand der Auserwählung?

Dürfen wir mehr verlangen?

Darf es eigentlich uns in Erstaunen setzen,
darf es uns niederdrücken und entmutigen, wenn
Gott es zulassen sollte, daß seine treuen Diener
ungerecht beschuldigt und vielleicht sogar verurteilt werden? Unser Herr und Meister hat es er-

tragen, daß er als Volksverräter und Staatsfeind fälschlich angeklagt und sogar zum Tode verurteilt wurde . . .

Für Gott und die Seelen weiter zu arbeiten, und wenn es selbst zeitweise nur mehr durch starkmütige Geduld in Verfolgungen und Leiden geschehen könnte, kann uns niemand hindern; niemand kann uns den Erfolg rauben und den Lohn, den Gottes überreiche Güte dem »guten und getreuen Knecht« (Matth. 25, 21) versprochen hat. Und können wir es verlangen, daß unser Wirken mehr sichtbaren Erfolg auf Erden habe wie die gottmenschliche Lebensarbeit unseres Heilandes, der einsam, fast von allen verlassen am Kreuze starb?

Zur rechten Zeit erhebt sich Gottes Kraft

Die göttliche Vorsehung hält die Zügel der Geschichte und der Geschicke fest in ihren Händen. Sie läßt zwar Stürme kommen und gibt uns Gelegenheit, uns in Treue zu bewähren. Aber »wer ausharrt bis zum Ende, wird gerettet werden« (Matth. 24, 13). Das galt damals, das gilt heute, das gilt immer. Und scheint der Herr zu schlafen und seiner ringenden Jünger zu vergessen, im rechten Augenblick erhebt sich Gottes

Kraft zur Hilfe für seine Getreuen, wie einst im Schifflein auf der sturmgepeitschten See. Er »gebietet dem Wind und den Wellen«, und es wird »eine große Stille« (Matth. 8, 26).

Auf dem Kreuzweg

Wir haben so oft gesagt, daß wir uns rückhaltlos dem göttlichen Herzen Jesu schenken und zur Verfügung stellen. Wir wollen nicht nein sagen, wenn er Ernst macht und uns wirklich ganz in Anspruch nimmt, um mit uns zu handeln nach seinem Wohlgefallen, und uns auf den »königlichen Weg des heiligen Kreuzes« führt ... Gottes Gnade wird uns nicht fehlen.

Die Bedrängnisse wären fast unerträglich, wenn wir nicht wüßten, daß unser Vater im Himmel alles lenkt und liebreich ordnet und daß die liebe Muttergottes ihre Kinder nicht vergißt. Je mehr wir willig am Kreuzweg teilnehmen, um so sicherer dürfen wir hoffen, einmal vereint zu sein im Frieden und schattenlosen Glück des himmlischen Vaterhauses. Nur »eine kleine Weile, und ihr werdet mich wiedersehen, und euer Herz wird sich freuen«. Das hat der liebe Heiland auch für uns aufschreiben lassen.

Unsere Gebete sind nicht vergeblich

Unsere Gebete füreinander finden sich täglich und stündlich vor dem Throne Gottes. Und sie sind nicht vergeblich; das hat uns der liebe Heiland versprochen. Er hat uns ja gelehrt zu beten: »Erlöse uns von dem Übel«, aber vorher freilich müssen wir aufrichtig sprechen: »Dein Wille geschehe, wie im Himmel also auch auf Erden«. Und das wollen wir immer wieder tun, auch wenn dieser heiligste Wille weitere Opfer von uns fordert. Auch wenn er dem Teufel gestattet, gegen uns zu wüten und die Stätten des hl. Opfers und der Nächstenliebe zu zerstören: Er bleibt doch der Herr! Und so wollen wir nicht kleinmütig und furchtsam sein, sondern auf den vertrauen, der zur Stunde, die er bestimmt, dem Sturm und den Wogen gebieten wird! Er wird auch helfen auszuharren, solange er will, und wenn mal Stunden kommen, in denen uns das allzu schwer erscheint, so mag uns das demütigen, aber nicht niederdrücken, da es uns Gelegenheit gibt, mit gutem Willen zu ersetzen, was das Gefühl versagt.

Vielleicht, daß ich versagen würde ...

Manchmal beunruhigt mich der Gedanke, daß ich im ganzen so wenig Kreuz und Leid erdulde und Schmerzen zu tragen habe, wo uns doch nach dem hl. Paulus aufgegeben ist, als Glieder Christi auch durch wirkliche Leiden an seinem Kreuze teilzunehmen. Aber vielleicht sieht der liebe Heiland, daß ich bei wirklichen persönlichen Leiden versagen würde in der Arbeit für die mir Anvertrauten zum Schaden der Seelen.

Lieber alles ertragen ...

Ich weiß, daß in diesem Hause vor 60 Jahren ein Bischof von Münster verhaftet und von hier aus in Gefangenschaft geführt worden ist, weil er getreu seiner Pflicht und den Geboten seines Gewissens für göttliches Recht und für die Freiheit der Kirche eingetreten ist. Ich weiß nicht, ob mir ähnliches bevorsteht, ob ich auch einmal gewürdigt werde, für den Namen Jesu Schmach zu leiden, nicht durch Mißkennung und Vorwürfe, sondern auch durch Beraubung der Freiheit, durch Mißhandlung und Leiden. Sollte Gottes Vorsehung mich solcher Nachfolge der Apostel würdigen, so hoffe ich, daß Gottes Gnade mir den Willen erhält, lieber alles zu ertragen, als vom Wege der Pflicht abzuweichen, daß Gottes Beistand in schweren Stunden mir Licht und Stärke gibt, es den früheren Bischöfen von Münster in Opfermut und Standhaftigkeit gleich zu tun.

Gestützt vom Gebet vieler Menschen

Ich fühle mich getragen und gestützt durch das Beten vieler Menschen, das meine Armseligkeit über Hindernisse hinweghebt, mehr als ich eigentlich erwarten durfte.

Wachet und betet!

Haltet fest am Glauben der einen, heiligen, katholischen und apostolischen Kirche, wie euere Väter ihn festgehalten und bekannt haben. Seid gewappnet gegen die Fallstricke des Widersachers von Anbeginn. Wachet insbesondere, ihr christlichen Eltern, über die euch anvertraute Jugend. Bewahret sie vor Verführung durch den vertrauten Umgang mit ungläubigen Menschen und durch die Lektüre solcher Schriften, welche unter dem falschen Schein des Wahren und Guten das Gift des Neuheidentums verbreiten.

Der beste Schutz gegen den Unglauben ist das Leben aus dem Glauben, wie der Apostel es will (Röm. 1, 17). Durch das Gebet bekennt ihr euch zu Gott, dem Allmächtigen, dem Schöpfer des Himmels und der Erde. Durch den eifrigen Empfang der Sakramente bekennt ihr euch zu Christus, dem Erlöser, dessen heiliges Blut in den Sakramenten noch immer fließt zur Rettung der Welt. Durch diese Gnadenmittel befindet ihr euch im Reiche des Geistes der Gotteskindschaft und erwerbt die Anwartschaft auf das Erbe der Heiligen. Versammelt euch um euere Altäre, auf denen das Blut des Gottessohnes geopfert wird, der unser Erlöser und unser Heil ist. Nehmet teil am Leben der Gemeinde, bewahret die Sitten der christlichen Vergangenheit, übt vor allem die Liebe, denn an der Liebe soll man die Jünger des Herrn erkennen.

Dann aber habt Vertrauen. Christus der Herr hat uns vorausgesagt, daß die Welt uns hassen wird. Noch bei seiner Abschiedsrede hat er gesprochen: »In der Welt leidet ihr Drangsal; aber seid getrost, ich habe die Welt überwunden« (Joh. 17, 23). Wir sind auf Erden die streitende Kirche, und der Jünger ist nicht über den Meister. Wir wissen aber, daß Christus bei uns bleibt bis zum Ende der Welt. Wir haben das

Herrenwort vernommen: »Du bist Petrus, und auf diesen Felsen will ich meine Kirche bauen, und die Pforten der Hölle werden sie nicht überwältigen« (Matth. 16, 18). Mit heiliger Freude wollen wir, wenn Gott sie zuläßt, den Martyrern gleich Nachstellungen und Verfolgungen tragen. Denn das ist der Heldengeist unserer Kirche und die Seligkeit derer, die für Christus leiden müssen: »Selig seid ihr, wenn man euch um meinetwillen schmäht und verfolgt und alles Böse fälschlich wider euch sagt: Freut euch und frohlockt, denn euer Lohn ist groß im Himmel« (Matth. 5, 11—12).

Er kann auch das Böse zum Guten wenden

Was auch an Leid und Sorge jeden einzelnen treffen mag, was an Kummer und Schmerz über uns kommen mag: Nichts geschieht ohne Gottes Willen, der auch das Böse zum Guten zu wenden weiß und jeden einzelnen durch dieses wechselvolle Leben zum ewigen Glück des himmlischen Vaterlandes führen will.

GOTTES GESETZ
IN FAMILIE UND STAAT

Von Brautstand und Ehe

Nach der Anordnung Christi ist der Abschluß einer gültigen Ehe zwischen Christen ein heiliges Sakrament, das die Brautleute zur innigsten Lebensgemeinschaft unauflöslich verbindet und ihnen das Anrecht gibt auf alle Gnaden, deren sie bedürfen, um die Pflichten des Ehestandes bis in den Tod getreu zu erfüllen. Da also die christliche Ehe eine Bindung ist, die nur durch den Tod gelöst werden kann, so ist es notwendig, diesen unwiderruflichen, für das ganze Leben so wichtigen und folgenschweren Schritt nur nach reiflicher Überlegung und mit der entsprechenden ernsten Vorbereitung zu tun.

□

Zur guten Vorbereitung auf die Eheschließung und auf den Ehestand gehört vor allem das Wissen um das eigentliche Wesen der christlichen Ehe. Dieses Wissen holt man sich nicht aus Romanen; sonst baut man sich Luftschlösser, die vor der Wirklichkeit des Lebens zerfallen wie Seifenblasen. Man holt sich dieses Wissen auch nicht von der Gasse, aus Kino oder Theater; sonst verliert man die Ehrfurcht vor dem Heiligen und Heiligsten der Ehe, die der heilige Paulus »ein großes Geheimnis« nennt. Man holt sich dieses Wissen auch nicht aus den trüben Quellen der sogenannten »Aufklärungsliteratur«, die oft nur zu sehr geeignet ist, das bräutliche und eheliche Leben zu vergiften. Dieses Wissen holt man sich vielmehr aus ernsten Büchern, die aus katholischer Auffassung über das heilige Ehesakrament geschrieben sind. Dieses Wissen holt man sich im vertraulichen Gespräch mit frommen Eltern oder anderen erfahrenen, echt christlichen Menschen. Aus dem Wissen um den Sinn und den Zweck, um die Rechte und Pflichten der Ehe ergeben sich auch wichtige Erkenntnisse für die Zeit des Brautstandes. Dieses Wissen ist notwendig für die Braut, und vielleicht noch notwendiger für den Bräutigam, das Haupt der künftigen Familie. Nur wenn beide klares Wissen um die geheiligte Gottesordnung der Ehe haben, werden sie sich gegenseitig Stütze im Brautstand sein können.

□

Die Unauflöslichkeit der Ehe ist eine jener Wahrheiten, an denen der wankelmütige Mensch immer wieder rütteln möchte, die aber ein wahrer Segen für die Menschheit ist.

□

Ein reiner Brautstand ist Vorbereitung auf eine reine Ehe. Wer in den Ehestand treten will, soll beten um eine gute Wahl und, wenn er gewählt hat, auch beten für den anderen Brautteil, sich um dessen religiöses und sittliches Leben kümmern und ihn öfter zum gemeinsamen Sakramentenempfang einladen. Die Eltern dürfen und sollen von einer geplanten Verlobung frühzeitig Kenntnis erhalten, und zwar durch die Brautleute selber, nicht erst durch das Ortsgespräch.

□

Verlobt ist noch nicht verheiratet. Brautzeit ist Bewährungszeit. Viel Wahres ist an dem Worte: »So viele Sünden vor der Ehe, so viele Tränen in der Ehe!«

□

Die Sorge um die Existenz lastet schwer auf so vielen jungen Menschen. Auch hier trifft das Wort des Herrn zu: »Sorget nicht ängstlich!« Immerhin heißt es: »Sorget!« Das Notwendigste muß doch vorhanden sein zur Gründung eines Hausstandes und zum Unterhalt einer Familie. Das Ehestandsdarlehen in Ehren — aber das darf doch nicht alles sein, was man zur Verfügung hat. Wo keine Ersparnisse vorhanden sind,

111

da fangen Not und Elend oft schon mit dem Hochzeitstag an. Wo die Ersparnisse aus Selbstverschulden fehlen, wo die Ersparnisse des einen oder beider Teile in Kino, Theater, Ausflügen, Kleiderluxus verbraucht worden sind, da beginnt die Ehe oft schon mit Zerwürfnissen. Das Sparen ist eine Tugend und in der Familie unerläßlich. Das Sparen muß man gelernt und geübt haben, ehe man eine Familie gründet.

□

Das eheliche Glück und der häusliche Friede hängen zu einem großen Teil von der tüchtigen Führung des Haushaltes ab. Den Haushalt gut führen ist eine Kunst, die nichts weniger als selbstverständlich ist und darum gelernt sein will. Dieses Lernen soll bei den jungen Mädchen schon im Haushalt der eigenen Mutter beginnen, damit ein Fundament gelegt ist. Nicht immer kann man aus dem vollen schöpfen. Sehr oft wird man mit wenigem auskommen müssen. Darin zeigt sich die gute Hausfrau, daß sie auch mit geringen Mitteln und bei bescheidenem Einkommen Mann und Kinder zufriedenstellen kann. Es wäre ein verhängnisvoller Fehler, ohne sorgfältige hauswirtschaftliche Ausbildung in den Ehestand treten zu wollen.

Mann und Frau

Man muß doch sagen, daß für einen Mann in der Welt eine gute Frau eine große Hilfe auf dem Weg zum Himmel und der beste Antrieb zu ernster Arbeit ist. Das steht auf der ersten Seite der Heiligen Schrift und lehrt uns die Erfahrung.

Heiliges Familienleben

Unser Heiland und Erlöser hat im Familienleben zu Nazareth die Erlösung der Welt mit der Weihe und Heiligung der Familie begonnen; an ihrer Erneuerung hat er gearbeitet, ehe er daranging, die Welt zu erneuern. Er ist der Grundstein und Eckstein, auf dem allein echt christliches Familienleben sich aufbauen läßt: »Einen anderen Grundstein kann niemand legen als den, der gelegt ist und der da heißt Christus Jesus« (1. Kor. 3, 11). Christus im heiligen Meßopfer und in der heiligen Eucharistie ist also die Quelle unserer Kraft für ein heiliges und frommes Familienleben.

□

Die Familie ist die von Gott selbst im Paradiese eingerichtete heilige Lebens- und Erziehungsgemeinschaft. Von Gott kommend, soll sie und muß sie wieder zu Gott hinführen, dem Urgrund und Ziel alles Seins. Die Familie ist der heilige Ort, wo eine Generation die Fackel des menschlichen Lebens der anderen in die Hand gibt, die Fackel, welche bei der Erschaffung des ersten Menschen Gott selbst entzündet hat und die verklärt weiterleuchten soll in der Ewigkeit.

Im Schoße der Familie liegt das Schicksal des Volkes. Bei Entartung der Familien müssen die Völker sterben. Gute Familien sind ein großer Segen und eine unentbehrliche Kraftquelle für die Volksgemeinschaft und die beste Stütze für die gesellschaftliche Ordnung . . .

Von der Würde und Reinheit der christlichen Familie hängt auch der Bestand der Kirche in einem Volke ab. Wo Glaube und Sittenreinheit in den Familien stark sind, dort blüht auch das Gottesreich in voller Schönheit auf. Der Kirche kann es darum nicht gleichgültig sein, wie das Familienleben der Gläubigen beschaffen ist, wie die Familien Gottes Gebote befolgen und sich bestreben, im Lichte des Evangeliums zu wandeln und die Kinder im Lichte des Glaubens zu erziehen . . .

Eine hohe Auffassung von der christlichen Ehe und ein gemeinsames religiöses Leben in den Familien ist von entscheidender Bedeutung für das

114

ganze spätere Leben und damit für das zeitliche und ewige Glück der Kinder.

Der Staat als Garant des Rechts

Nächst der Familie ist gemäß der Schöpfungsordnung Gottes keine Gemeinschaft so sehr mit der gesellschaftlichen Anlage des Menschen verknüpft wie der Staat. Darin liegt die Wurzel seiner Würde, die weder durch die Tatsache der Erbsünde noch auch durch die übernatürliche Ordnung der Erlösung im Wesentlichen verändert ist.

Wodurch aber dient der Staat der Sicherung und Entfaltung der menschlichen Person als des Ebenbildes Gottes? Er erfüllt diesen seinen Hauptzweck, indem er der oberste Wahrer und Garant der unabdingbaren Rechte der Person ist. Gerade deshalb schließt sich ein Volk in seinen Familien und anderen Gemeinschaften auf einem bestimmten Gebiet zum Staat zusammen.

Der Staat *macht* also nicht das Recht in seinem wesentlichen Inhalt, sondern er gibt ihm durch seine Rechtsprechung und Gesetzgebung je nach den wechselnden Verhältnissen und Fällen die nähere Bestimmung. Der Staat setzt auch nicht den wesentlichen Inhalt der Rechtsgüter fest, die er zu wahren hat. Was vielmehr die Vervollkommnung der menschlichen Person besagt, was Religion, Wissenschaft, Kunst, Wirtschaft und all die andern Güter in sich sind, um die das Leben der Menschen und ihrer mannigfachen Gemeinschaften kreist, steht durch die natürliche und übernatürliche Weltordnung Gottes fest. Es ist auch nicht die vornehmliche oder gar alleinige Aufgabe des Staates, von sich aus alle diese Güter zu verwirklichen. Dies ist vielmehr zunächst Aufgabe der persönlichen Initiative und Eigenverantwortlichkeit der Menschen und dann der unterstützenden Tätigkeit der verschiedenartigen Gemeinschaften. Aber indem der Staat inmitten dieser vielfältigen gesellschaftlichen Lebendigkeit das Recht wahrt, fördert auch er die dauernde und immer vollkommenere Verwirklichung der Güter und Zwecke der Menschheit und dient der Entfaltung der menschlichen Person. Er ist der Träger wahrer Wohlfahrt.

Ohne Gehorsam keine Ordnung

Das Christentum verlangt Gehorsam; Gehorsam gegen Gott; aber auch Gehorsam gegen Menschen. Schon die natürliche Vernunft sagt uns, daß nur durch Gehorsam die Ordnung in der Gemeinschaft aufrechterhalten werden kann. Was sollte aus der Familie werden ohne Gehorsam? Und in der Gemeinde, im Betrieb, im Staate muß Gehorsam geleistet werden. Wo blieben Ordnung, zielstrebige Zusammenarbeit, wo bliebe das Gemeinwohl, wenn jeder dem eigenen Willen, der eigenen Laune in allem folgen dürfte?

Nur Religion sichert Ordnung und Freiheit

Nur die Religion sichert auf allen Gebieten des Lebens wahre Ordnung und wahre Freiheit. Zu allen Zeiten haben die Feinde wahrer Ordnung und wahrer Freiheit den Einfluß der Religion aus dem öffentlichen Leben verbannen wollen.

Wenn alle Gottes Gebote erfüllen würden ...

Für jeden, der an Gott als an den Herrn und Schöpfer der Menschennatur glaubt, ist es klar, daß der heilige Wille Gottes, der dem Weltall seine Ordnung und seine Gesetze gegeben hat, auch für die Ordnung des gesellschaftlichen Zusammenlebens der Menschen maßgebend sein muß, wenn das Ziel des wahren Gemeinwohles in menschenwürdig freier Zusammenarbeit aller Glieder der Gemeinschaft erreicht werden soll . . . Wenn alle Menschen, alle Glieder des Volkes und der staatlichen Gemeinschaft, in Ehrfurcht und Gehorsam gegen Gott, den Schöpfer und Herrn, die göttliche Wahrheit annehmen, die göttlichen Gebote erfüllen würden, wie leicht und friedlich würde alsdann die Herstellung und Bewahrung der staatlichen und gesellschaftlichen Ordnung vonstatten gehen und der staatlichen Obrigkeit es gelingen, das allgemeine Wohl zu fördern und zu sichern.

Alle Gewalt ist von Gott

Wer Sein und Würde des Menschen, der menschlichen Person, nicht in Gott verankert, nach dessen »Bild und Gleichnis« der Mensch gemacht ist, zerstört nicht nur die wahre Würde und Freiheit des Menschen mit seinen unabdingbaren persönlichen Rechten, sondern öffnet auch den Weg zur Zerstörung von Familie, Staat und Staatsgewalt. Dann wird die Familie allmählich zu einem bloß äußeren Zusammensein, soweit und solange die Einzelinteressen von Gatten und Kindern es erfordern oder für nütz-

lich erscheinen lassen. Dann wird der Staat allmählich zu einem bloßen Haufen von Menschen,
die nur ihre Willkür und ihre Interessen kennen. Dann wird die Staatsgewalt allmählich zu
einem bloßen Instrument der Macht einzelner
Gruppen über die anderen. Wer dann, um jene
allgemeine Zersetzung, jenes Auseinanderfallen
von allen und vor allem zu heilen, auf die Einheit sich beruft, die die öffentliche Gewalt oder
Autorität gibt, handelt genauso verkehrt, wenn
er jene Gewalt nicht in Gott und Gottes unver-
änderlicher Weltordnung verankert. Denn »alle
Gewalt ist von Gott« . . .

Es war nicht eine hohle Phrase, nicht eine
törichte Anmaßung, wenn christliche Könige
und Fürsten bis in die neueste Zeit bei ihren Befehlen, Anordnungen und Gesetzen sich Herrscher nannten »von Gottes Gnaden«. Es hatte
einen tiefen Sinn und eine weitreichende Bedeutung. Der Herrscher beruft sich auf sein »von
Gottes Gnaden« verliehenes Recht, zu gebieten,
Gehorsam zu fordern: für die Untertanen eine
Erinnerung, daß »wo eine Obrigkeit besteht,
diese von Gott angeordnet ist« und »wer sich
der Obrigkeit widersetzt, sich gegen die Anordnung Gottes auflehnt«.

Aber auch für den Fürsten, den Herrscher
»von Gottes Gnaden«, enthält dieses Wort eine

Erinnerung und Mahnung. Es sagt ihm: Du bist an sich nur ein Mensch, wie jene Menschen sind, denen du gebietest. Nur »von Gottes Gnaden«, nur als Diener Gottes, der Ordnung will und Obrigkeit einsetzt, hast du das Recht, Unterwerfung des Willens zu fordern, Gebote zu geben, Gesetze zu erlassen. In dem, was du willst, soll dein Mitmensch, dein Untergebener den Willen Gottes sehen, sich dem Willen Gottes unterwerfen. Hüte dich, deine Macht zu mißbrauchen, Willkür zu üben, deine selbstsüchtigen, persönlichen Wünsche dem göttlichen Willen gleichzusetzen, für sie das Opfer der Freiheit zu verlangen, das Gott allein zusteht! Hüte dich erst recht, Gehorsam zu fordern für Befehle, die gegen Gottes Willen stehen; zu befehlen, was Gott verboten hat; zu verbieten, was Gott geboten hat! Hüte dich, die Gewissen zu vergewaltigen; zu fordern, daß dein Untergebener etwas tut, was er nach dem Urteil des am göttlichen Gesetz geschulten Gewissens als Sünde erkennt; hüte dich, ihn zu hindern an einem Handeln, das Gottes heiliger Wille von ihm fordert, das sein an Gottes Offenbarung und Gebot gebildetes Gewissen ihm vorschreibt!

◻

Ein Gehorsam, der die Seelen knechtet, der in das innerste Heiligtum der menschlichen Freiheit, in das Gewissen greift, ist roheste Sklaverei. Das ist schlimmer als Mord; denn es ist eine Vergewaltigung der menschlichen Persönlichkeit; das ist der Versuch, das Ebenbild Gottes im Menschen zu zerstören, das ist ein Angriff gegen Gott selbst, der jede Menschenseele nach seinem Ebenbild erschaffen und zur Teilnahme an seiner Herrlichkeit berufen hat und vor dem Herrscher und Beherrschte in gleicher Schuld und Verantwortung stehen.

□

Wer obrigkeitliche Gewalt hat, anderen zu befehlen, hat selbst die heilige Pflicht, gerade im Befehlen sich nach Gottes heiligem Willen zu richten. Nur als Gottes Dienerin, also im Einklang, in Unterordnung unter den Willen Gottes, hat menschliche Obrigkeit Befehlsgewalt. Wie sollte sonst der Mensch, der obrigkeitliche Gewalt innehat, es fordern können, daß ein anderer, von Natur gleich ihm mit Freiheit ausgestatteter Mensch seinen Willen ihm beuge? Nur weil er mehr Macht hat? Nur weil er »das Schwert trägt« und die rohe Übermacht, ihn zu peinigen, zu strafen, wenn er widersteht? Das hieße: die Gerechtigkeit vernichten, die Menschenwürde verhöhnen und die menschliche Gesellschaft auf die Stufe einer Räuberbande herabdrücken.

In dem Augenblick, in welchem menschliche Obrigkeit in ihren Befehlen dem klar erkannten, im eigenen Gewissen bezeugten Willen Gottes widerstreitet, hört sie auf, »Gottes Dienerin« zu sein, zerstört sie ihre eigene Würde, verliert sie ihre Macht, zu belohnen und zu bestrafen, und versucht sie freventlich, die von Gott gegebene Freiheit der menschlichen Persönlichkeit, des Ebenbildes Gottes, im Menschen zu erwürgen!

□

Gott wolle aller Obrigkeit in Kirche und Staat, in Gemeinde und Betrieb, in Familie und Schule rechte Einsicht geben für ihre Würde, als Gottes Dienerin zu gebieten, und für die daraus folgende Grenze und Beschränkung ihres Rechtes. Daß sie alle Befehle prüfe und gestalte an dem heiligen, allein die Gewissen bindenden Willen Gottes und niemals es wage, sich selbst zu entehren und die Menschenwürde der Untergebenen zu schänden, indem sie Sündhaftes gebietet, von Gott befohlenes Gutes verbietet; indem sie die Gewissen der Untergebenen vergewaltigt und so eine Sklaverei der Seelen aufrichtet, schlimmer als der Tod!

□

Lieber sterben als sündigen! Sollte Obrigkeit in Kirche oder Staat, in Gemeinschaft oder Familie ihre Stellung mißbrauchend von uns verlangen, gegen Gottes Gesetz und gegen das nach Gottes Gesetz geformte Gewissen zu handeln, so wollen wir Leib und Leben opfern, aber unser Gewissen rein bewahren.

... dann ist keiner seines Lebens sicher!

Wenn einmal zugegeben wird, daß Menschen das Recht haben, »unproduktive« Mitmenschen zu töten, und wenn es zunächst auch nur arme, wehrlose Geisteskranke trifft — dann ist grundsätzlich der Mord an allen unproduktiven Menschen, also an den unheilbar Kranken, den arbeitsunfähigen Krüppeln, den Invaliden der Arbeit und des Krieges, dann ist der Mord an uns allen, wenn wir alt und altersschwach und damit unproduktiv werden, freigegeben! Dann ist keiner von uns noch seines Lebens sicher: Irgendeine Kommission kann ihn auf die Liste der

»Unproduktiven« setzen, die nach ihrem Urteil »lebensunwert« geworden sind! Und keine Polizei wird ihn schützen, und kein Gericht wird seine Ermordung ahnden und den Mörder der verdienten Strafe übergeben! Wer kann dann noch Vertrauen haben zu einem Arzt? Vielleicht meldet er den Kranken als unproduktiv und erhält Anweisung, ihn zu töten!

Es ist nicht auszudenken, welche Verwilderung der Sitten, welch allgemeines gegenseitiges Mißtrauen bis in die Familien hineingetragen wird, wenn diese furchtbare Lehre geduldet, angenommen und befolgt wird! Wehe den Menschen, wehe unserm deutschen Volk, wenn das heilige Gottesgebot »Du sollst nicht töten«, das der Herr unter Blitz und Donner auf Sinai verkündet hat, das Gott, unser Schöpfer, von Anfang an in das Gewissen der Menschen geschrieben hat, nicht nur übertreten wird, sondern wenn diese Übertretung sogar geduldet und ungestraft ausgeübt wird!

Recht und Gewalt

Wenn die Vertreter der Autorität nicht das Recht gegen die Gewalt schützen, so ist das Was-

124

ser auf die Mühlen derjenigen, die den einzigen Grund des Rechtes in der Gewalt sehen.

Vielleicht kommt bald die Zeit . . .

»Renovabis faciem terrae« (Du wirst das Antlitz der Erde erneuern), wie hat die arme Erde es nötig, und jeder einzelne von uns! »Sie haben den Quell lebendigen Wassers verworfen und sich Zisternen gegraben, die kein Wasser halten können!« Aber vielleicht kommt bald die Zeit, daß die Menschheit erkennt, daß sie so verschmachten muß, und aus Not zurückkehrt zur lebendigen Quelle.

IN DEINE HAND
GEBE ICH MICH

Wir können nicht ohne Hoffnung leben

Wir sind zu Höherem geboren! Der Mensch mag das zeitweise vergessen können; aber auf die Dauer kann er es nicht aushalten mit sich allein, auch nicht mit der Welt allein, insbesondere nicht, wenn die Welt ihm entschwindet, im Angesicht des Todes. Wir können nur leben und das Leben meistern, dem Tod mit Ruhe entgegengehen, wenn uns die Hoffnung begleitet, die Hoffnung auf Herrlichkeit, Größe, Vollendung. Sonst wird das Leben sinnlos und unerträglich. Der christliche Glaube verspricht uns und beflügelt uns, daß wir über uns hinauskommen, über die eigene Unzulänglichkeit und Unvollkommenheit, hinein in die Größe und Herrlichkeit Gottes, daß wir teilhaftig werden des göttlichen Lebens und so unsere Vollendung finden.

Allerheiligen

Allerheiligen mit seinem frohen Aufblick in unsere ewige Heimat zu der »großen Schar«, die uns dort erwartet, welch herrliche Aufmunterung in dieser dunklen Zeit! Und heute die Mahnung: »Was seid ihr furchtsam!« Gott schläft nicht, sondern »cogitat cogitationes pacis« (denkt Gedanken des Friedens).

Alles ist Gottes Eigentum

Der christliche Glaube lehrt uns, daß alles, was wir sind und haben, die Kräfte unseres Leibes und unserer Seele, alle Fähigkeiten und unser Besitz Gottes Eigentum und Gottes Gabe ist. In unserer Todesstunde wird Gott, wie der Hausvater im Evangelium, von jedem von uns Rechenschaft fordern, ob er die anvertrauten Talente, die äußeren und inneren Kräfte und Anlagen »vergraben«, d. h. selbstsüchtig für sich behalten und eigensüchtig nur für sich vertan hat. Dem unnützen Knecht droht das Urteil des Herrn: »Werfet ihn in die äußerste Finsternis, wo Heulen ist und Zähneknirschen« (Matth. 25, 30).

Trost in der Trauer

Ich meine, das ist so tröstlich bei jedem Todesfall im Kreise unserer Lieben, daß uns dadurch das Glück des Himmels leichter vorstellbar wird. Wie viele gute Bekannte erwarten uns schon oben. Und Gott sei Dank, daß wir die Hoffnung haben dürfen, daß wohl alle, die uns wirklich nahestehen und deren Gesellschaft fast allein uns ein wenig an die Erde fesselt, sich nach und nach dort wieder versammeln werden.

Für die Verstorbenen beten

Wir wissen um die tröstliche Tatsache, daß es ein Fegfeuer gibt, einen Reinigungsort, wo uns, wenn wir in der Gnade Gottes sterben, die Gelegenheit gegeben ist, die letzten Schlacken menschlicher Armseligkeit auszuscheiden, für kleine und vielleicht unbemerkt gebliebene Verfehlungen Sühne zu leisten. Denn der gütige Gott ist auch der gerechte Gott, und nichts Unreines kann in den Himmel eingehen. Und wir wissen, daß es »ein heiliger und heilsamer Gedanke ist, für die Verstorbenen zu beten, damit sie von ihren Sündenstrafen befreit werden« (2 Makk. 12, 46). Wem unter uns, der schon am Sterbebett und am Grabe seines Vaters oder seiner Mutter geweint hat, war es nicht heilige Pflicht und tiefinnerlicher Trost, daß er Kindesdank und Kindesliebe den lieben Eltern in der anderen Welt noch durch die Tat erweisen konnte; nicht durch nutzlose Tränen und unwirksames Klagen, sondern durch fürbittendes Gebet und sühnendes Opfer, vor allem durch die Zuwendung des am Kreuz vergossenen, in der hl. Messe uns geschenkten Erlöserblutes des Heilandes, von dem es heißt: »Sehet das Lamm Gottes, das hinwegnimmt die Sünden der Welt.«

Zum Tode bereit

Aus dem Testament des Kardinals

Ich will den Tod bereitwillig zu jeder Zeit, an jedem Ort, auf jede Art, wie es Gott gefällt, annehmen und hoffe und verlange inständig, als treues Kind der heiligen römisch-katholischen Kirche zu sterben. Ich bitte täglich meine liebe himmlische Mutter, die allerseligste Jungfrau Maria, daß sie mir eine selige Sterbestunde erflehe, in der ich gereinigt und gestärkt durch die heiligen Sakramente, in der heiligen Kommunion mit Jesus vereinigt, in die Ewigkeit hinübergehe. Trotz meines großen Vertrauens auf die Barmherzigkeit Gottes und die Wirksamkeit der heiligen Sakramente bitte ich alle meine priesterlichen Mitbrüder, besonders jene, deren geistiger Vater ich durch Erteilung der heiligen Weihen geworden bin, meine lieben Angehörigen, Freunde und Bekannten, besonders auch die

Ordensschwestern der Diözese, die alten Leute, Kranken und Kinder, viel für meine arme Seele zu beten. Nichts möge sie davon abhalten, weder Kränkungen oder Unrecht, das ich ihnen vielleicht zugefügt habe und für das ich herzlich um Verzeihung bitte, noch auch der Schein meines Lebens und der guten Werke, die nach außen vielleicht tadellos erscheinen, deren Erbärmlichkeit aber Gott bekannt ist.

Die letzten Worte des Kardinals

Alles, wie Gott es will. Gott vergelte es euch allen. Gott lohne es euch. Ihr müßt Gott zu Ehren weiter arbeiten, wie ich es immer gewollt habe. — Ich bitte euch recht sehr, macht Schluß. O lieber Heiland, in deine Hand gebe ich mich. — Wie Gott es will. Gott lohne es euch. Er schützt das liebe Vaterland. Für ihn weiterarbeiten . . . O du lieber Heiland.

BIOGRAPHISCHE LITERATUR
ÜBER KARDINAL VON GALEN
(Auswahl)

Max Bierbaum: Die letzte Romfahrt des Kardinals von Galen. Münster 1946.

Heinrich Portmann (Hrsg.): Bischof von Galen spricht. Ein apostolischer Kampf und sein Widerhall. Freiburg 1946.

Max Bierbaum: Kardinal von Galen, Bischof von Münster. Münster 1947.

Heinrich Portmann: Der Bischof von Münster. Das Echo eines Kampfes für Gottesrecht und Menschenrecht. Münster 1947.

Ders.: Dokumente um den Bischof von Münster. Münster 1948.

Ders.: Kardinal von Galen. Ein Gottesmann seiner Zeit. 15. Aufl. Münster 1978.

Max Bierbaum: Nicht Lob, nicht Furcht. Das Leben des Kardinals von Galen nach unveröffentlichten Briefen und Dokumenten. 8. Aufl. Münster 1978.

INHALT

137

In gleicher Ausstattung:

Rupert Mayer

Mein Kreuz will ich tragen

Texte des Predigers von St. Michael

Mit einem Geleitwort von Joseph Kardinal Ratzinger

136 Seiten, glanzfolienkaschiert

Der Münchener Männerseelsorger Pater Rupert Mayer SJ (1876–1945) gehört zu den bedeutenden Gestalten des kirchlichen Widerstandes in der Zeit des Nationalsozialismus. Durch Gefängnisse und Konzentrationslager führte sein Lebens- und Leidensweg. Als mutiger Bekenner, als mannhafter Kämpfer gegen die verhängnisvollen Irrlehren unseres Jahrhunderts, als gütiger Seelenführer und großer Apostel der Nächstenliebe — so ist er in die Kirchengeschichte unserer jüngsten Vergangenheit eingegangen.

Aus Predigtmanuskripten, Betrachtungen und Briefen wurden für dieses Buch Texte ausgewählt, die bezeugen, daß die Bekennergestalt eines Pater Rupert Mayer nicht denkbar ist ohne das Fundament einer vorbehaltlosen Gläubigkeit und innigen Frömmigkeit. Diese seine grundsätzlichen Aussagen, die zu einem großen Teil hier erstmals veröffentlicht werden, sind von zeitloser Gültigkeit und können vielfach Anstoß zur Selbstbesinnung auch in unseren Tagen geben.

Tausende besuchen täglich das Grab Pater Rupert Mayers in der Gruft der Münchener Bürgersaalkirche. Nicht nur ihnen werden diese Selbstzeugnisse eine unmittelbare Begegnung mit dem großen Volksprediger und Großstadtseelsorger ermöglichen. Seine Persönlichkeit ist längst in ganz Deutschland zu einem Symbol der Glaubenstreue und des Bekennermutes geworden.

SCHWABENVERLAG · 7302 OSTFILDERN 1